TOKENS OF TRUST

신뢰하는 삶

그리스도교 신앙의 기초

이 도서의 국립중앙도서관 출판예정도서목록(CIP)은
서지정보유통지원시스템 홈페이지(http://seoji.nl.go.kr)와
국가자료공동목록시스템(http://www.nl.go.kr/kolisnet)에서
이용하실 수 있습니다. (CIP제어번호 : 2015016113)

TOKENS OF TRUST

신뢰하는 삶

그리스도교 신앙의 기초

로완 윌리엄스 지음

김병준 · 민경찬 옮김

차례

사도신경 ⋯ 12

니케아 신조 ⋯ 13

서문 ⋯ 15

1. 누구를 신뢰할 수 있는가? ⋯ 21

2. 위험을 무릅쓴 사랑 ⋯ 55

3. 온 세상과 시대를 짊어진 인간 ⋯ 87

4. 평화의 대가 ⋯ 117

5. 우애 가운데 함께 계신 하느님 ⋯ 147

6. 진실로, 사랑 ⋯ 183

옮긴이의 말 ⋯ 217

일러두기

1. 사도신경의 경우 대한성공회 역을, 니케아 신조의 경우 2013년 세계교회협의회 제10차 총회에서 사용한 것을 참고하되 일부 표현을 해당 저작의 맥락에 맞춰 바꾸었습니다.

2. 성서의 경우 『공동번역 개정판』(1999)을 사용하는 것을 원칙으로 했으나 원문과 지나치게 차이가 있을 경우 대한성서공회판 『새번역』(2001), 천주교중앙협의회판 『성경』(2005)을 참고해 다듬었음을 밝힙니다.

그때
우리는 쉬면서 보리라.
보면서 사랑하리라.
사랑하면서 찬미하리라.
보라. 끝없는 끝에 무엇이 이루어지는지를.

아우구스티누스, 『신국론』 中

데이비드 존스, 폭포The Waterfall, *Afon Honddu Fach* (1926)

하느님은 당신과 다르면서도 당신 자신에게 의존하는 실체를 세우셨습니다.
이 세계는 매 순간 그분께 의지하고 있으며
그분이 하시는 활동의 흐름을 따라 함께 움직입니다.
우리가 마주하는 모든 것의 배후와 표면 아래에는 이 활동이 자리하고 있습니다.

데이비드 존스, 수태고지The Annunciation, *Y Cyfarchiad i Fair* (1963)

하느님이 창조하신 세계는 신비하여서 인간은 이 세계 안에서 이루어지는
하느님의 활동에 기여할 수도 있고 그 활동을 방해할 수도 있습니다.
기도하는 가운데 하느님이 원하시는 바를 따르고 식별함으로써
우리가 하느님께 공간을 내어 드릴 때 전에는 예측할 수 없었던 일들이 일어날 수 있습니다.

데이비드 존스, 온 세상과 시대를 짊어진 인간A Man for All Seasons,
Sanctus Christus de Capel-y-ffin (1925)

예수에 관한 이야기를 전하는 것이 언제 어느 곳에서나 어렵지만,
생명을 걸 만한 일임을 예수의 제자들은 완전히 확신했습니다.
그들은 예수를 어떤 인간의 상황도 완전히 변화시킬 수 있는 존재, 모든 문화와 지역,
언어와 시대를 넘어서는 '온 세상과 시대를 짊어진 인간'으로 보았습니다.

데이비드 존스, 왕의 깃발The Royal Banners, *Vexilla Regis* (1948)

십자가 사건 이전에 있었던 예수와의 직접적이고도 인격적인 접촉과 경험은 부활 안에서
새롭게 변화합니다. 예수가 자신의 친구들에게 자신과 자신의 아버지를 위해 책임을 질 수 있는,
이 세상에서 예수 자신의 몸이 될 수 있는 능력을 줌으로써
예수와 그의 친구들 사이의 접촉과 만남은 새로운 단계에 들어섭니다.
이것은 신약성서에 담긴 가장 위대하고도 새로운 은유입니다.

데이비드 존스, 농원 문The Farm Door (1937)

교회에 속한 삶의 모토는 '타자와 함께'입니다.
'너' 없이 '나'는 있을 수 없으며 '우리' 없이 내가 있을 수 없습니다.
이는 교회의 정체성이 '무리'의 정체성, 집단 안에 모든 이의 개성이 가려지는 정체성임을
의미하지 않습니다. '나'와 '너' 사이에 있는 다름은 진정한 다름으로 남습니다

데이비드 존스, 들장미가 담긴 컵The Briar Cup (1932)

영원은 인격적인 관계에 있으면서도
동시에 다른 어떤 관계와도 다른 상태에 있는 것을 뜻합니다.
그때 우리는 삼위일체 안에서 일어나는,
삶과 기쁨이 교차하는 핵심 안에 놓입니다.

사도신경

나는 믿나이다.

전능하신 하느님 아버지,

하늘과 땅의 창조주를 믿나이다.

하느님의 외아들,

우리 주 예수 그리스도

성령으로

동정녀 마리아에게 잉태되어 나시고

본티오 빌라도 치하에서 고난을 받으시고

십자가에 못박혀 죽으시고 묻히셨으며,

죽음의 세계에 내려가시어 사흘 만에 죽은 자들 가운데서 부활하시고

하늘에 올라

전능하신 하느님 오른편에 앉아 계시며,

산 이와 죽은 이를 심판하러 다시 오시리라 믿나이다.

성령을 믿으며

거룩한 공교회와

모든 성도의 상통을 믿으며

죄의 용서와

몸의 부활을 믿으며 영원한 생명을 믿나이다.

아멘.

니케아 신조

우리는 한 분이신 성부 하느님을 믿습니다.

그분은 전능하셔서,

하늘과 땅과, 이 세상의 보이고 보이지 않는 모든 것을 지으셨습니다.

우리는 한 분이신 주 예수 그리스도를 믿습니다.

그분은 모든 시간 이전에 성부에게서 나신, 하느님의 독생자이십니다.

그분은 하느님에게서 나신 참 하느님이시요, 빛에서 나신 빛이시요,

참 하느님에게서 나신 참 하느님이시며,

성부와 같은 분으로, 낳음과 지음 받은 분이 아닙니다.

오히려 그분을 통해서 만물이 지음 받았습니다.

그분은 우리와 우리의 구원을 위하여

하늘로부터 내려오시어,

성령의 능력으로 동정녀 마리아에게서 태어나,

참인간이 되셨습니다.

우리 때문에 본티오 빌라도 치하에서 십자가 형을 받아,

죽임을 당하고 묻히셨으나,

성서의 말씀대로 사흘 만에 부활하셨습니다.

그분은 하늘에 올라 성부 오른편에 앉아 계십니다.

그분은 산 이와 죽은 이를 심판하러 영광 가운데 다시 오실 것입니다.

그리고 그분의 나라는 끝이 없을 것입니다.

우리는 주님이시며, 생명을 주시는 성령을 믿습니다.
성령은 성부로부터 나오시어,
성부와 성자와 더불어 예배와 영광을 받으시고,
예언자들을 통하여 말씀하고 계십니다.
우리는 하나이고, 거룩하며, 보편적이고, 사도적인 교회를 믿습니다.
우리는 죄를 용서하는 한 세례를 믿습니다.
우리는 죽은 이들의 부활과,
후세의 영생을 믿고 기다립니다.
아멘.

서문

　그리스도인의 삶으로 들어가고자 하는 이들을 준비시키는 것은 초대 교회 지도자들의 가장 중요한 일이었습니다. 장엄한 부활 밤 예식 때 사람들은 옷을 벗은 채 물에 잠기어 세례를 받은 뒤 이마에 기름을 바르는 것으로 입교 예식을 치렀습니다. 부활절 전 몇 주에 걸쳐 해당 지역 주교는 이들에게 그리스도교 신앙이 무엇인지를 집중적으로 가르쳤습니다. 이는 그리스도인의 삶으로 들어가기 위한 약 2년 가량의 준비 과정 중 절정에 해당했습니다.

　오늘날에는 더 이상 이렇게까지 하지는 않습니다만 부활절 전 기간은 그리스도교 신앙의 핵심을 생각하며 한 해 중 가장 위대한 축일을 준비하기 좋은 시간입니다. 2005년 부활절을 맞이하기 전, 캔터베리 대성당에서 수회에 걸쳐 대화를 나누기로 했을 때 저는 이를 염두에 두고 대화를 나눔으로써 그리스도교 신앙이 무엇을 말하는지 윤곽을 잡을 수 있겠다 생각했습니다. 이 책은 이 대화에서 오고 간 내용을 조금 더 확장한 것입니다.

그래서 저는 책을 쓰면서도 대화체 형식을 유지하려 노력했습니다. 그리고 이 책을 접하는 분들이 성서와 교회사에 대한 기본 지식을 가지고 있지 않을 수도 있다는 점도 고려하였습니다. 대성당에서 이루어진 대화에 참여한 분 가운데는 다시금 자신의 신앙을 돈독히 하고자 참여한 신자도 있었지만, 그리스도교 신앙을 거의 알지 못하는 분도 있었습니다. 저는 그런 분도 이 대화에 참여할 수 있기를 바랍니다. 그러니 이미 많은 것을 알고 있는 분들이 이 책을 접한다면 제가 너무 뻔한 내용을 설명하더라도 참고 읽어 주시기를 부탁합니다.

예를 들어, 이 책은 성서 구절을 많이 인용합니다. 그러니 성서를 곁에 두는 것이 좋겠습니다. '구약성서' 또는 '히브리 성서'가 하느님이 히브리어로 말하는 고대 이스라엘 민족과 1,000년에 걸친 시간 동안 어떻게 관계하셨는지를 다룬 기록이라는 사실을 알아 둔다면 도움이 될 것입니다. '신약성서' 또는 '그리스도교 성서'는 예수의 삶을 개략적으로 담은 네 개의 복음서를 포함하고 있으며 초대교회 지도자들이 지중해 지역에 새로이 만들어지고 있던 그리스도교 공동체들에 보낸 여러 편지를 담고 있다는 사실을 알아 두면 도움이 될 것입니다. 신약성서에 나오는 편지 대부분은 그리스도교를 격렬히 반대하다 극적으로 회심한 바울이 썼습니다. 나머지는 우리가 잘 알지는 못하지만, 역사적으로 그리스도교의 시작에 긴밀히 관여했던 이들, 예수를 알았던 사람들과 가까웠던 이들이 썼습니다.

이 책에서 다루는 모든 내용의 기본 전제는 그리스도교 신앙이란 진정으로 누구를, 그리고 무엇을 신뢰할 것인가에 관한 앎이라는 것입니다. 그리스도교는 여러분에게 제도에 이름을 등록하라고 요구하기 이전에 그리스도교가 말하는 하느님을 신뢰할 것을 요구합니다. 실천적인 가르침, 교리의 원천은 일단 한번 신뢰의 발걸음을 내딛는 것입니다. 저는 이 점이 여러분에게 분명해지기를 바랍니다. 그리스도교가 전하는 가르침은, 전적으로 신뢰할 수 있는 하느님을 믿는다는 것이 무엇을 뜻하는지 탐구하면서 성장해 왔기에 올바름과 이치에서 벗어나지 않을 수 있었습니다.

따라서 저는 모든 장에 걸쳐 그리스도교를 이루는 사상들 그 자체뿐 아니라 이와 관련된 생각과 행위, 기도 사이에 이루어지는 상호작용에 관해서도 말하고자 합니다. 우리의 신앙고백, 우리가 고백하는 신조信條들은 이 상호작용의 산물입니다. 전 세계 그리스도교 주요 지체들이 공유하는 이 신조들은 교회사의 첫 300년 동안 형성되었습니다. 교회가 무수한 문제를 겪는 와중에도 이 신조들은 놀라우리 만치 끈질기게 그 자신을 지켜냈습니다. 책의 서두에는 가장 오래되고 널리 알려진 두 '신조'(이 용어는 라틴어 '나는 믿나이다'Credo에서 유래했습니다)가 나와 있습니다.

책에 수록된 20세기 위대한 시인이자 화가, 판화가인 데이비드 존스의 그림들은 좀 더 찬찬히 곱씹으며 책을 읽는 데 도움을 줄 것입니다. 그의 그림은 신비로운 붓놀림과 색감으로 우리를 더 깊은 세계로 초대합니다. 믿음이 그리스도인에게 한 가지 영향을 미친다면 그것은 세계를 언제나 새롭게 바라보는 것, 즉 표면 너머를 바라보면서도 (여전히 대단히 중요한) 표면에 있는 것을 놓치지 않는 것이어야 합니다.

또한, 이 책에는 말씀을 삶으로 살았던 사람들의 이야기가 담겨 있습니다. 여기서 제가 그린 그리스도교 신앙의 밑그림을 낯설지 않게 느낀다면 그것은 물리적인 현실 세계를 살아가면서도 이 세계가 지닌 깊이에 자신을 열어 놓는 법을 보여 준, 신뢰할 수 있는 사람을 여러분이 만난 적이 있기 때문일 것입니다. 이 이야기들을 통하여 여러분은 그러한 삶의 방식을 온전히 살아 낸 사람이 있음을 기억할 수 있을 것입니다.

이 대화를 책으로 옮기는 데 도움을 준 모든 분, 녹취를 도와준 세라 윌리엄스와 조너선 제닝스, 책을 구상하는 데 도움을 준 캔터베리 출판사의 크리스틴 스미스, 교정 작업에 도움을 준 조너선 구달, 린다 포스터, 메리 매슈스에게 감사드립니다. 그리고 대성당에서 함께 몇 주에 걸쳐 대화에 참여해 주신 모든 분, 매 저녁 세션이 끝난 후에도 머무르며 함께 기도하고 음악에 귀를 기울여 주신 분들, 모든 과정에 친절하고 차분하게 응해 주신 분들에게 감사를 드립니다. 이 책은 특별히 그분들, 캔터베리에 있는 하느님의 모든 백성을 위한 것입니다.

2006년 모든 성인의 날

로완 윌리엄스

1.
누구를 신뢰할 수 있는가?

• 나는 믿나이다. 전능하신 하느님 아버지 •

우리 사회는 신뢰의 위기에 처해 있다고 영국 철학자 오노라 오닐은 몇 년 전 방송 강연에서 말했습니다. 자명한 사실을 말하기 위해 전문 철학자를 동원할 필요는 없습니다. 그녀가 무엇을 말하려 했는지는 누구나 알아차릴 수 있습니다. 그러나 '신뢰의 위기'라는 표현은 우리가 처한 상황을 찬찬히 살펴보는 데 도움을 줍니다. 신뢰의 위기란 단순히 사람들이 냉소적인 태도에 물들었다거나 공공 영역에서 사람들을 전보다 더 경계하게 되었다는 것만을 뜻하지는 않습니다. 더 나아가 우리는 이 사회 중요 기관들이 우리를 위해 작동하지 않는다고 느낍니다. 이것은 정부를 대표하는 사람들은 논외로 하더라도, 우리의 교육 제도와 건강보험, 공권력이 만족스럽지 않을 뿐만 아니라 신뢰받지 못한다는 것을 뜻합니다. 이러한 상황은 이제 특별한 일이 아닙니다. 한 편 우리는 국제적인 정치, 경제 구조에 매여 있습니다. 우리는 이를 통제할 수 없으며 이것들이 우리를 위해 작동한다고 믿지도 않습니다. 이러한 문제들이 국가라는 경계 너머에 있음을 알아챈다면 대개 제도란 인간을 위해 작동하는 것이 아니라고 느낄지도 모릅니다. '세계화'는 옳든 그르든 실제 지역 공동체와 개인들로부터 권력을 빼앗아 오는 과정으로 자주 나타납니다. 종종 들려오는 거대기업과 은행의 사기, 고질적인 부패에 관한 소식들은 이런 상황을 악화시킵니다. 뒤늦게나마 사람과 사람 사이에서 이루어지는 평범한 신뢰, 비즈니스에서 관계 형성을 다룬 두꺼운 책들이 나오고 있습니다. 환영할 만한 일입니다만, 피해를 되돌릴 수는 없습니다. 안타깝지만, 우리는 의심하는 법을 배워 버렸습니다.

여러 상황에서 의심이 도움을 준다는 점에는 의문의 여지가 없습니다. 어떤 형태의 민주주의든 날카로운 비판적 반응은 필요합니다. 자신이 들은 내용을 그저 수동적으로만 받아들이려 하지 않는 것은 건강한 일입니다. 하지만 오닐 남작을 비롯한 많은 이는 영국 사회가 거기서 더 나아가 세상이 더는 우리의 유익을 위해 있지 않다고 단정하는 지경에 이르렀다고 말합니다. 이러한 상황에 맞닥뜨려 무기력함을 느끼는 것을 건강하다고 할 수는 없습니다. 불신은 언제나 이처럼 무엇인가를 통제할 수 없다는 느낌, 누군가가 뒤에서 무엇인가를 조정하고 있다는 느낌과 연결됩니다. 문제가 되는 지점은 바로 여기입니다. 어떤 사람의 문제의식이나 목적, 그 사람이 주장하는 바가 나의 문제의식과 무관하게 여겨질 때 나는 그 사람을 신뢰하기 어렵습니다. 이때 그들은 무엇인가를 숨긴 채 이득을 챙기고 나는 손해를 보는 것만 같습니다. 무엇이 어떻게 돌아가는지 보지도 못한 채, 무언가 적대적인 일이 늘 그래 왔던 것처럼 일어나고 있다고 의심할 수밖에 없는 상황에 놓인다면 그 사람은 모욕감을 느낄 뿐 아니라 마비될 것입니다. 이때 신뢰는 위험하고 어리석어 보입니다.

여기에 관해서 더 다룰 것이 많지만, 우리 사회에 닥친 위기에 대해서는 나중에 다시 짚어 보기로 하고 일단은 신뢰와 신뢰의 부재에 관한 물음을 좀 더 살펴보겠습니다. 신조들, 즉 그리스도교 신앙고백은 신뢰에 대한 선언으로 시작하기 때문입니다. 이 점이 언제나 곧바로 드러나지는 않습니다. 사도신경을 통해 우리는 고백합니다.

나는 믿나이다. 전능하신 하느님 아버지, 하늘과 땅의 창조주를 믿나이다.

이런 말은 얼핏 "당신은 유령을 믿나요?" 또는 "당신은 UFO를 믿습니까?" 같은 질문, 그 존재 여부와 증거가 격렬한 논쟁의 대상인 저 '바깥에 있는' 무엇에 대한 질문과 비슷하게 들립니다.

그리스도교 신자이든 아니든, 안타깝게도 많은 사람이 신앙고백의 첫 문장에 나오는 "믿나이다"라는 말을 위와 같은 방식으로 다룹니다. 그러나 이 고백이 본래 뜻한 바는 그와 전혀 다릅니다. 요한의 복음서에서(9장을 보십시오) 예수는 눈먼 사람을 고쳐 준 후 그에게 사람의 아들을 "믿느냐"고 묻습니다. 여기서 예수는 네스 호의 괴물을 믿느냐고 물어보듯, 사람의 아들이 존재하는 것을 믿느냐고 묻는 게 아닙니다. 예수가 이 질문을 통해 알고 싶은 것은 눈먼 사람이 사람의 아들, 즉 하느님 앞에 인류를 대표하는 자인 예수 자신을 신뢰할 준비가 되어 있느냐 입니다. 자연스럽게 그 사람은 "사람의 아들"이 누구인지 알고 싶다고 답하고 여기에 예수는 바로 자신이라고 말합니다. 그 사람이 다시 응답합니다. "나는 믿습니다."

그는 믿습니다. 그는 확신합니다. 그는 사람의 아들이 혹시 자신을 속이고 따로 잇속을 챙기지 않을까 염려하지 않습니다. 이 눈먼 사람은 예수가 성취욕을 위해서가 아니라 눈먼 자신을 위해서 일하고 있다고 신뢰합니다. 그는 예수 곁에서 보고 들은 것이 진실하다고 믿습니다. 그러므로 예수를 믿는 것과 UFO나 네스 호의 괴물을 '믿는 것' 사이에는 근본적인 차이가 있습니다. UFO나 네스 호의 괴물을 믿는다고 해서 나 자신에 대한 느낌, 세계 전반에 대한 느낌이 크게 변하지는 않습니다. 또한, 그러한 믿음은 네스 호의 괴물을 신뢰할 수 있는지 여부와는 아무런 상관이 없습니다. 네스 호에 괴물이 존재한다면 중요한 것은 그것이 어떤 생명체이고 신뢰를 둘 만한 존재인지를 아는 것입니다. 그러나 네스 호의 괴물을 믿는지에 대해 말할 때 우리는 이런 식으로 생각하지 않습니다.

이와 달리, 그리스도교가 고백하는 신앙, 즉 사도신경과 니케아 신조 첫 문장은 우리가 우리를, 그리고 이 세계를 어떻게 느끼고 받아들이는지에 어떤 변화를 만들어 냅니다. 이 문장은 불교에서 신앙을 고백할 때 사용하는 발원문 "나는 부처님께 귀의합니다"에 가깝습니다. 이 말은 내가 부처님께 속하며 부처님을 의지한다는 확신을 담고 있습니다. 여기서 출발할 때 사도신경과 니케아 신조는 다른 음색을 내기 시작합니다.

"나는 믿나이다. 전능하신 하느님 아버지"라는 말은, 상상 속의 UFO나 유령처럼 '내 머릿속에 있는 어떤 관념과 상像'에 관한 물음에 대한 답이 아닙니다. 이런 식의 물음은 저 일련의 의심스러운 존재들과 하느님을 같은 선상에 두는 것입니다. "나는 믿나이다. 전능하신 하느님 아버지"라는 고백은 내가 내 삶을 어디에 단단히 붙들어 맬 것인지, 어디서 나의 근본, 본향을 찾을 것인지에 대한 선언의 출발점입니다.

이야기를 이어 가기 전에, 이쯤에서 한 가지 세부적인 사항을 짚고 가는 게 좋겠습니다. 사도신경과 니케아 신조를 보면 사도신경은 "나는 믿나이다"로, 니케아 신조는 "우리는 믿습니다"로 시작합니다. 어떤 새로운 성찬 예문은 전자를 후자로 대체하고 있습니다. 이 때문에 논쟁이 생긴 적도 있습니다. 그러나 사실은 간단합니다. 사도신경과 니케아 신조는 본래 한 가지 이상의 목적을 가지고 있었습니다. 길이가 짧은 사도신경은 대개 세례식 때 사용되었습니다. 그러니 사도신경이 "나"로 시작하는 것은 놀랄 일이 아닙니다. 여기서 "나"란 위에서 언급한 불교의 발원문이 그러하듯이 세례를 받을 때 자신을 바치고자 하는 한 개인을 가리킵니다. 더 길고 복잡한 니케아 신조는 그릇된 생각을 쳐내려던 교회 지도자들이 회의를 통해 만들었습니다. 비록 나중에는 변화를 거쳤지만, 니케아 신조의 초기 양식은 "우리"로 시작합니다. 이는 니케아 신조가 회의에서 합의된 선언인 동시에 교회 공동체가 함께 고백하기 위해 만들어졌기 때문입니다. "우리는 믿습니다"라고 기도한다고 해서 이것이 개인에게 더 많은 여지를 준다고 말할 수는 없습니다. 니케아 신조든 사도신경이든 모두 그리스도인이 서로에게 무엇을 마땅히 기대할 수 있는지를 보여 줍니다. 그러한 면에서 사도신경과 니케아 신조는 우리에게 그리스도교 공동체 안에서 서로를 신뢰할 수 있는 이유를 말해 준다고도 할 수 있겠습니다. 그리스도인인 우리는 같은 곳을 바라보며 같은 희망과 기대를 안고 일합니다. "나"와 "우리" 모두 각자의 자리를 가지고 있으며 어떤 순간 어떤 용어를 사용하든 크게 개의할 일은 아닙니다.

이제 곤란한 질문으로 들어가 봅시다. 왜 우리는 전능하신 하느님 아버지, 하늘과 땅의 창조주께 확신을 두어야만 합니까? 하느님을 신뢰할 근거가 우리에게 있나요? 얼핏 보기에는 그렇게 할 수 없는 이유가 더 많습니다. 무엇보다도 하느님은 분명 그 목적을 헤아릴 수 없는 분, 그 뜻을 알 수 없는 분, 우리와는 완전히 떨어진, 우리를 초월하는 지성, 머나먼 곳에 있는 낯선 존재가 아닌가요? 안타깝게도 많은 종교가 우리에게 이러한 인상만을 주는 것이 사실입니다. 이해할 수 없는 일들, 특히 고통스럽고 충격적인 사건들 앞에서 우리는 하느님이 전혀 다른 신비로운 방식으로 역사하심을, 하느님과 우리 사이를 가르는 거대한 계곡이 놓여 있음을 떠올립니다. 그러나 성서는 이러한 유의 종교에서 벗어나야 한다고 강력히 권고합니다. 나쁜 종교는 하느님을 신뢰하지 않는 것, 하느님을 피하는 것, 심지어 기만하는 것입니다. 나쁜 종교는 하느님을 '관리자'로, 훈육 담당관으로 여기도록 하며 좋게 보더라도 엄하거나 위협적인 존재, 그래서 가능하면 언제나 우리가 피해야 할 존재로 대하도록 합니다.

　성서는 왜 하느님을 헤아릴 수 없는 낯선 존재로 대해서는 안 되는지, 왜 그분을 하늘과 땅의 창조주로서 신뢰해야 하는지에 대한 다양한 답을 줍니다. 가장 분명한 대답은 신약성서에 있는 에페소인들에게 보낸 편지에서 찾을 수 있습니다. 성서 전체를 통틀어 가장 긴 문장으로 이루어져 있는, 길고도 복잡한 서문은 이렇게 끝맺습니다.

그리스도를 둘러싼 사건들 안에서, 하느님은 당신의 목적을 분명히 하셨습니다.

과거에 감추어져 있던 그분의 신비가 드러났습니다. 그분의 뜻이 알려졌습니다. 한때 알 수 없었던 것들, 흐릿하던 것들이 이제는 대낮처럼 환하게 드러났습니다. 이 세계의 근본을 이루는 하느님의 목적이 우리에게 벌거벗긴 채 놓여 있습니다. 예수를 보며 이제 우리는 하느님이 언제나 이루기를 바라신 것이 평화와 찬미라는 것을 알 수 있습니다. 평화와 찬미, 이 두 단어는 에페소인들에게 보낸 편지에서 가장 중요한 단어입니다. 이것이, 오직 이것만이 하느님의 '뜻'입니다. 그분이 만드신 세상은 화해를 이루도록 설계되어 있습니다. 서로 다른 공동체들은 하느님이 그들을 죄와 공포에서 자유롭게 하셨다는 확신을 나누기에 이 세상 안에서 함께 어우러집니다. 이는 우주 전체에 영향을 미치고 창조 세계를 이루는 다양한 요소가 그 자체로 조화를 이루도록 합니다. 결과적으로 이것만이 화해에서 드러나는 유일한 양상입니다. 화해는 인간의 목소리를 해방시켜 찬미케 합니다. 이 모든 것을 가능케 하고 태초부터 변함없이 당신의 목적을 고수하시는 하느님의 영광을 찬미하도록 합니다. 이것이 하느님이 바라시는 전부입니다. 다른 숨겨진 뜻은 없습니다. 뒤에 남겨진 것도 없습니다.

　이것이 하느님에 관해 알 수 있는 모든 것이라고는 할 수 없습니다. 오히려 이로써, 우리는 하느님에 관해 여전히 알아야 할 것이 있음을 깨닫습니다. 찰스 웨슬리가 찬가에서 노래하듯 하느님의 '낯선 설계'가 자아내는 신비로움과 경이로움은 다함이 없습니다. 이는 창조에 담긴 하느님의 목적을 우리가 이제는 알게 되었음을 확신할 수 있게 해 줄 따름입니다. 하느님의 목적은 전적으로 우리 자신과 창조 세계 전체의 유익을 향하고 있습니다. 여기에 '이기적인' 목적은 전혀 없습니다. 하느님이 우리를 속이실 이유는 없습니다. 그 목적이 숨겨져 왔다면 그것은 하느님이 우리를 어둠 속에 가둬 두고자 당신 마음대로 결정하셔서가 아닙니다. 계시는 때가 찰 때까지, 하느님의 뜻을 완벽하게 전달할 수단이 나타날 때까지 기다려야만 합니다. 그 때가 오기까지 우리는 여전히 하느님에 관한, 하느님과 우리 자신의 관계에 관한 다양한 환상에 집요하게 매달립니다. 1세대 그리스도인들은 우리를 하느님에 관한 그릇된 생각으로 이끌고자 하는 영적인 힘이 이 우주에 실제로 존재한다고 여겼습니다. 그들은 마성적이고 기만적인 힘이 창조주에 대한 공포와 의심을 심음으로써 인간을 노예 삼으려 한다고 생각했습니다. 그것들이 모습을 드러내자 하느님 자신 또한 당신의 목적을 예수의 삶과 죽음, 부활로 알려주셨습니다.

그러니 추상적인 관념으로는 하느님이 '어떠한 분인지' 알 수 없습니다. 우리에게 전달된 것은 관념들의 언어로 된 하느님에 관한 정의가 아닙니다. 우리가 받은 것은 하느님이 이루기를 바라시는 것이 무엇인지를 보여 주는 삶입니다. 하느님이 우리를 위해서 그리고 우리 안에서 정말로 이루고자 하시는 바를 가능하게 하는 삶입니다. 우리는 절대 하느님이 하느님 자신을 알듯 하느님을 알지 못합니다. 인간의 언어는 언제나 그분의 실재를 헤아리지 못하며 그 실재에 이르지 못합니다. 하느님은 우리의 검토 대상이 될 수 없습니다. 하느님은 언제나 움직이시기에 이 세상에 있는 어떤 대상처럼 절대로 그렇게, 거기에 계시지 않습니다. 우리 정신에서 일어나는 사고 활동은 하느님이 지금 여기서 우리 정신을 움직이시기에 일어납니다. 엄밀히 말하면 하느님은 어떤 관념이나 대상으로 우리에게 알려지는 것이 아니라, 당신의 활동 안에서 당신 자신을 우리에게 알려주십니다. 우리는 그분의 활동하는 의지, 그분의 목적, 그분이 원하고 바라시는 것을 발견합니다. 그리고 예수를 통해, 우리는 평화와 찬미의 측면에서 그분의 바람을 이해할 수 있게 됩니다.

여러분 중 몇몇 분은 중세 말로 향해 가던 14세기 무렵의 수도자 노리치의 줄리언이 쓴 『신성한 사랑의 계시』Revelations of Divine Love에 담긴 훌륭한 구절을 기억할 겁니다. 여기서 그녀는 자신이 본 모든 환시에 담긴 하느님의 '뜻', 그분의 목적이 무엇인지를 묻습니다. 그 대답은 '사랑이 그분의 뜻이다'였습니다. 이 문장에 담긴 뜻을 정확하게 알았던 T. S. 엘리엇은 이것을 자신의 시에 담아냈습니다.

사랑은 낯선 이름
이 감당할 수 없는 옷
이것을 자아낸 손길 뒤로 사랑이 있다네.
인간의 힘으로는 어찌할 수 없다네.*

이 세상에서 일어나는 절망스러운 고통의 핵심, 선으로 제거할 수도 해결할 수도 없으며 아무것도 할 수 없는 고통 한가운데에서도 결코

---

*   T.S.Eliot, 'Little Gidding', *Four Quartets*, London, Faber & Faber, 1943.

사그라지지 않는 힘이 사랑을 빚어냅니다. 예수가 의미하는 바를 파악할 수 있다면 우리는 이것이 만물의 근원에 놓여 있음을 신뢰할 수 있습니다.

이것이 답하기 힘든 무수한 질문을 남긴다는 것은 위대한 신학자가 아니더라도 알아차릴 수 있습니다. 몇몇 질문에 답하기 위해서는 좀 더 시간을 들여야 합니다. 여기서는 일단, 이 질문에 관해 성서 저자 중 한 사람이 어떻게 답했는지를 살피는 것이 중요합니다. '왜 우리는 하늘과 땅의 창조주를 신뢰해야만 합니까?'

질문에 답하기 위해서 우리는 지금까지 생각해 온 지점에서 좀 더 깊이 들어가야 합니다. 간단히 말하면 이렇습니다. 우리는 하늘과 땅의 창조주를 바로 그분이 하늘과 땅을 만드신 하느님이기에 신뢰할 수 있습니다. 이는 단순히 모든 일에 대한 책임이 하느님에게 있으니 모든 것이 하느님 탓이라는 생각을 종용하는 말이 아닙니다. 그보다 이 말은 하느님의 특징에 대해 다시금 생각해 볼 것을 권하고 있습니다.

하느님은 만물의 유일한 근원입니다. 그러므로 하느님께 반드시 해야만 한다고 강요할 수 있는 일이란 없습니다. 어느 것도 하느님과 동일 선상에 있을 수 없으며 어느 것도 본질적으로 하느님 바깥에, 하느님 너머에 있을 수 없습니다. 하느님은 결코 여러 것 중 하나가 아닙니다. 그러니 하느님이 원치 않으나 해야만 하는 일이 있는지에 관한 질문은 그 자체로 성립할 수 없습니다. 하느님은 어떤 것도 필요로 하실 수 없기 때문에, 본질적으로 그분은 모든 실재를 무한히 포괄하시기 때문에 하느님을 하느님이게끔 하는 것 곧 하느님 자신만이 당신의 활동을 '추동'할 수 있습니다. 하느님이 '무엇을 하시는지'로 하느님이 '어떤 분이신지'가 우리에게 드러납니다.

앞의 말을 약간 바꾸어 말하면 하느님은 이기적인 목적을 가질 수 없습니다. 하느님을 하느님이게끔 하는 것을 제외하고는, 그분은 자신을 위해 어떠한 것도 필요로 하실 수 없기 때문입니다. 그러니 이 세계가 그분의 활동 덕분에 존재한다고 했을 때 우리가 떠올릴 수 있는 단 하나의 동기는 지극히 이타적인 사랑입니다. 하느님은 하느님이 아닌 것들에게 하느님을 하느님이게끔 하는 것, 즉 신적인 것을 주고자 하십니다. 그분은 다름이 드러나기를 바라십니다. 그분은 타자에게 당신의 기쁨과 즐거움을 선사하기를 원하십니다. 하느님은 혼자 있는 것을 따분해 하거나 친구를 필요로 하시는 분이 아닙니다. 좌절에 빠지거나 도움을 필요로 하시지도 않습니다.

여기서 주의해야 할 점이 있습니다. 현대의 어떤 사상가들은 하느님이 좀 더 온전히 하느님다워지기 위해서는 어떤 식으로든 당신의 주변에 다른 무언가를 필요로 하신다는 주장에 강하게 이끌려 왔습니다. 이 말은 그럴싸하게 들리는데, 하느님이 우리를 '필요'로 하시지 않는다는 말이 매우 냉랭하게 들리기 때문입니다. 물론 사랑을 주고받음에 있어 우리 자신이 필요한지 그 여부를 아는 것은 중요한 문제입니다. 그러나 여기서 우리는 도전에 맞서야 합니다. 우리가 하느님에게 '기여하는' 것은 아무것도 없다는 생각을 받아들이는 데까지 우리는 반드시 나아가야만 합니다. 하느님은 우리가 아예 창조되지 않았더라도 여전히 하느님이셨을 것이라는 생각에 이르러야만 합니다.

무엇인가를 주면 그만큼 받기 마련인 인간관계를 고려하면 저 말은 조금 이상하게 다가올 수 있습니다. 그러나 다시 한번, 하느님은 다른 어떤 것과 같은 층위에 놓일 수 있는 실재가 아님을 기억해야 합니다. 하느님 자신 안에 있는 것이, 그분 자신의 행복을 위해 필요한 전부입니다. 그러므로 우리가 존재하는 이유는 오직 그분의 무조건적인 호의 때문이라는, 껄끄럽고 받아들이기 어려운 생각에 우리의 정신을 굽혀야만 합니다. 하느님이 이 세상을 창조하셨을 때 보여 주신 사랑, 하느님이 세상을 빚어 가는 과정에서 드러나는 사랑에 그늘진 부분이란 없으며 당신 자신을 위한 부분도 없습니다. 그것은 완전히, 어떠한 제약도 없이 우리를 위해 주어졌습니다. 여기서 하느님이 자신을 위해 은밀한 방식으로 얻는 것은 전혀 없습니다. 이는 하느님의 영원한 본질에 대해 우리가 믿는 바와 맞지 않습니다.

간단히 말해, 하느님은 완전히 그리고 영원히 자족하신 분입니다. 영원하고도 완전한 행복이 흘러넘쳐 창조의 행위로 이어진다는 사실 자체가 하느님이 전적으로 신뢰할 수 있는 분이며 그분에게 사적인 관심이란 없음을 말해 줍니다. 이것이 충격적이고 받아들이기 어렵더라도 우리는 그렇게 말해야만 합니다. 드물지만, 이 세상에서 자기 자신을 생각하지 않고 어떠한 보상이나 위안을 바라지도 않은 채 온전히 남을 위해 사는 사람들을 우리는 봅니다. 이들은 희미하게나마 하느님이 본질적으로 어떠한 분인지를 우리에게 비추어 줍니다.

다른 측면에서 볼 때 이것이 받아들이기 어렵게 다가오는 이유는 우리 자신이 하느님께 도움을 드릴 수 있는 좋은 존재이므로 하느님의 사랑을 받는다고 생각하기 쉽기 때문입니다. 그러나 이러한 생각은 성서가 주장하듯 하느님이 용서를 통해 우리를 선하게 만드신다고 여기기보다는, 우리가 선하기 때문에 용서하시는 거라 상상하는 것과 같습니다. 구원에서뿐 아니라 창조를 통해 하느님이 보여 주시는 사랑은 전적으로 값없이 이루어집니다. 그분은 우리에게 빚진 것이 없습니다. 그분은 우리가 존재해야만 하는 길을 선택하셨습니다. 그분은 우리를 언제나 사랑하시기로 선택하셨습니다. 이 선택은 '그분께서 우리를 위해 죽으셨다'는 말로 강력하게 표현되어 왔습니다. 이를 창조의 중심에 놓고 생각할 때 우리는 아무런 조건도 어떠한 제약도 없이 이루어지는 사랑의 모습을 비로소 감지하기 시작합니다. 어쩌면 여기서 우리는 하느님을 의심할 이유가 없음을, 한발 물러서서 '당신을 위해 무엇인가를 숨겨 놓고 있느냐'고 물을 이유가 없음을 발견할 수 있습니다. 창조주에 대해 생각할 때 우리에게서 자연스럽게 일어나는 의심을 가장 깊은 뿌리에서 점검하는 것은 마땅한 일입니다. 최소한 여기서 우리에게는 확신할 수 있는 근거가 있습니다.

반복해서 살펴보겠지만, 창조주 하느님에 대한 이러한 믿음은 논쟁으로는 깔끔하게 밝혀지지 않습니다. 이 논쟁에는 닭이 먼저냐 달걀이 먼저냐 같은 측면이 분명 있습니다. 그러나 조건 없이 용서하시는 하느님과 마주한 사람들은 그분의 사랑에서 비롯된 자유와 권능을 비추며 살아가기 시작합니다. 이들은 이 관점에서 전체 우주를 바라보고 만물 안에 있는 '사랑이 하느님의 뜻'이라고 확신하는 데까지 이릅니다. 한편 우주의 거대함과 복잡함에 침묵할 수밖에 없었던 이들은 이 모든 것을 존재하게 하는 어떤 집중된 무제한적인 에너지를 무엇으로 상상할 수 있을지 깊이 고민하기 시작합니다. 그리하여 그들은 하느님이 왜 우리가 지닌 자격이 아니라, 우리를 향한 그분의 사랑에서 비롯된 원칙과 조건에 따라 우리를 대하시는지를 좀 더 온전히 이해하는 데 이릅니다. 만물의 창조주인 하느님에 관해 말하는 바와 인격적인 만남을 통해 용서하시고 새롭게 하시는 하느님에 관해 말하는 바는 최대한 긴밀히 연결되어야 마땅합니다. 창조와 구원을 전혀 다른 주제로 다루는 어떤 유의 가르침들은 이런 점에서 실패하고 있습니다. 그런 가르침들과 달리 성서는 그 두 가지가 떨어질 수 없으며, 함께 있다고 반복해서 강조합니다.

하느님은 만물을 만드셨기에 어떤 이기적인 목적을 가지실 수 없습니다. 그분은 예수의 삶과 죽음과 부활을 통해 당신이 어떤 분인지, 당신의 목적이 무엇인지를 우리가 볼 수 있도록 하셨습니다. 저는 이런 하느님을 신뢰합니다. 그분 안에서 확신합니다. 그분께 귀의합니다. 이런 점에 비추어 볼 때 우리는 '전능하신 하느님'이라는 단어를 이해할 수 있습니다. 여기서 프로이트 정신분석학은 질문할 것입니다. "이것이야말로 나를 돌봐 줄 강력한 아버지상에 대한 욕구를 충족하는 가장 분명한 예가 아닙니까? 우리가 모든 책임을 져야 하는 상황에서, 언제나 거기 있으면서 우리를 도와줄, 모든 문제를 해결해 줄 권위의 표상을 바라는 것이 아닙니까? 그리고 이것이야말로 성숙한 인간이 되는 것을 가로막는 매우 위험한 환상이 아닙니까?"

대답은 '그렇다'입니다. 그러나 위 질문은 하느님의 전능함이 뜻하는 바를 좀 더 신중하게 질문하기 위한 것이어야 합니다. 하느님의 전능함을 생각할 때 우리는 언제나 우리 자신의 한계를 극복하기 위해 필요한 것이 무엇인가에 대해서만 생각하려는 유혹을 받습니다. 우리는 전능함이라는 것을 손목 하나 까딱함으로써 우리 자신, 그리고 모든 이의 어려움을 해결할 수 있고 원하는 것은 무엇이든 가질 수 있는 능력이라 생각하려 합니다. 이런 환상들을 생각해 볼 때 종종 이러한 소재를 가지고 코미디가 등장하는 것도 놀랄 일은 아닙니다. 영화《브루스 올마이티》Bruce Almighty에도 나오듯 하느님의 위치라고 상상하는 그 자리에 우리 자신을 실제로 두지만, 당연하게도 일은 그리 간단치 않습니다. 우리가 다시 한번 성서의 언어와 그리스도교의 실천이 어떻게 작동하는지에 조금만 주의를 기울인다면 이러한 유의 환상은 그리스도교와 아무 관계가 없음을 발견할 수 있습니다. "나는 믿나이다. 전능하신 하느님 아버지"라는 고백이 '어딘가에 자기 마음대로 무엇이든 선택하고 무엇이든 해낼 수 있는 무한한 힘이 있다는 것을 나는 믿습니다. 그리고 나는 그쪽 편에 있고 싶습니다'를 의미한다면 그것은 신뢰와 별다른 상관이 없습니다. 그런 전능한 힘, 거대하지만 제멋대로인 의지는 우리를 불안하게 할 뿐입니다.

'전능함'은 그리스어로 '만물의 통치자' 또는 '만물의 소유주'를 뜻합니다. 그리고 이 뜻은 우리가 '전능함'에 달리 접근해 보도록 권유합니다. 즉 '전능함'이란 하느님이 부재하거나, 힘을 발휘할 수 없거나, 그분과 무관한 곳은 어디에도 없음을 뜻합니다. 이 우주에서 일어나는 어떤 사태도 하느님과 세계의 관계를 끊을 수는 없습니다. 달리 말하면 하느님에게 기대고 있지 않은 사태란 없습니다. 우리가 살펴보고 있는 하느님의 사랑에 있는 자유함은 그분의 사랑이 그 힘에 있어 결코 다함이 없음을 가리킵니다. 일반적인 차원에서 우주에 어떤 사건이 일어나든, 특수한 차원에서 한 사람의 삶에 무슨 일이 일어나든, 그분의 사랑은 그 무엇에도 소진되지 않습니다. 여기에 관해서는 나중에 다양한 맥락에서 좀 더 이야기하겠습니다. 지금은 일단 '전능함'이라는 개념을 우리의 환상을 충족하는 어떤 거대한 욕구 충족의 차원으로 이해하는 것은 그릇된 방식임을 염두에 둡시다. '전능함'이란, 하느님께 언제나 기존 상황에서 새로운 것을 일으키기 위해 전혀 새로운 일,

다른 일을 하실 능력이 있음을 말하는 하나의 방식으로 볼 수 있습니다. 하느님 바깥에서 그분의 바람을 저지할 수 있는 것은 결국 아무것도 없기 때문입니다. 그러니 이런 의미에서 전능함이란 신뢰의 또 다른 근거가 됩니다.

성서는 우리에게 언제나 기적을 일으켜서 당신의 길을 승리로 이룩하는 하느님에 관한 기록을 전하지 않습니다(기적에 관해서는 다음 장에서 생각해 보겠습니다). 성서 기록이 전하는 하느님은 인간에게 당신 자신을 분명히 드러내기 위해 인내하고 씨름하며 당신의 길을 일구어 가시는 분입니다. 특히 인간이 당신을 알고 싶어 하지 않을 때, 또는 당신을 피하려 하거나 당신에 대한 자기들만의 환상으로 도피하려 할 때 하느님은 이들을 향한 당신의 사랑을 실제로 이루십니다. 전형적으로 성서는 이따금 매우 과감한 방식으로 이를 전합니다. 성서는 인간이 바라보는 관점에서, 마치 하느님이 당신의 백성에게 신실해야 함을 설득당할 필요가 있었다는 식의 이야기를 들려줍니다. 아브라함이나 모세처럼 하느님이 진정 어떤 분인지를 잘 알 만한 이들이 위기에 직면합니다. 상황은 더욱 나빠집니다. 하느님은 포기하고 당신의 백성을 흔적도 없이 쓸어버리시려 합니다. 아브라함과 모세는 하느님이 자비를 베풀기로 설득될 때까지 그분과 논쟁합니다. 이런 이야기의 저자들은 자신들이 무엇을 하는지 정확히 알고 있었습니다. 그들은 분별 있는 인간이 진정시킬 필요가 있는, 못된 성질을 지닌 변덕스러운 하느님을 믿은 게 아닙니다. 그들은 자신들이 하느님에 관해 이해한 바를 어떻게 가장 생생히 표현할지를 알고 있었습니다. 그 방법은 하느님에 관한 가장 깊고 참된 진실에 호소하며 기도하는 아브라함과 모세의 모습을 보여 주는 것이었습니다.

성서의 첫 번째 책인 창세기 18장에서, 아브라함은 사악한 도시 소돔을 멸망시키려는 하느님의 계획에 대해 하느님과 논쟁합니다. 아브라함은 분명히 소돔 성 안에 선한 사람들이 있을 것이라고 말합니다. 그는 하느님께 "온 세상을 다스리시는 이"라면 공정하셔야 한다고, 죄 없는 사람을 어찌 죄인과 함께 죽이려고 하시냐고, "그런 일은 당신께 어울리지 않습니다"라고 말합니다. 아브라함이 승강이를 벌이며 도시를 살리는 데 필요한 선한 사람의 숫자를 조금씩 줄여 가는 동안, 하느님은 당신 자신을 설득하도록 내버려 두십니다. 결국 이 이야기는 조금씩 하느님은 부당한 분이 아니라 옳은 일을 하시는, 진정으로 신뢰할 수 있는 분이라는 것을 발견해 나가는 인간을 보여 줍니다.

성서의 두 번째 책인 출애굽기 32장에서 하느님과 논쟁하는 모세의 이야기는 이를 더욱 예리하게 보여 줍니다. 모세가 하느님께 계명을 받기 위해 산 정상에 있는 동안 이스라엘 백성은 모세의 형인 아론을 설득해 황금으로 수송아지 신상을 만듭니다. 이에 하느님은 진노하면서 모세에게 당신을 "말리지 마라"고 하십니다. 그리고 이 반역의 무리를 모조리 쓸어버리고 모세를 홀로 새로운 민족의 조상으로 만들어 다시 시작하겠다고 말씀하십니다. 그러자 모세가 대답합니다. "당신은 그렇게 하실 수 없습니다. 당신은 '이 백성'에게 신실하리라고 맹세

하셨습니다. 세상이 당신을 두고 결국 그 백성을 감당하지 못하고 약속도 지키지 못했다고 말하길 원하십니까?" 같은 장에서 모세는 조금 더 나아갑니다. "그들을 용서해 주지 않으시려거든, 저를 예외로 삼지 마시고, 당신께서 기록하신 책에서 제 이름을 지워 주십시오." 이 말은 "마음이 변하는 하느님, 예나 지금이나 죄짓고 어리석은 백성을 용서하지 못하고 그들과 함께 다시 시작할 능력이 없는 하느님과 저는 엮이고 싶지 않습니다"라고 말하는 것과 같습니다. 모세에게는 자신의 안위나 미래가 중요하지 않습니다. 그에게는 그가 믿는 하느님이 여전히 같은 분이라는 것, 죄짓고 어리석은 백성과 여전히 함께하시며, 그래서 당신이 베푸시는 사랑의 절대적인 자유함을 나타내시는 분이라는 것, 그러므로 여전히 신뢰할 수 있는 분이라는 것이 중요합니다. 하느님이 이스라엘과의 약속을 깨신다면 그분의 사랑은 이스라엘 백성이 선한 행동을 하느냐 마느냐에 따라 바뀌는 조건적인 사랑처럼 보일 것입니다. 그러나 이 이야기는 전혀 가망 없는 것들과도 여전히 무언가를 하실 수 있는 하느님의 놀라운 시선을 드러냅니다.

고대 히브리인들은 결과야 어떻든 무엇이든 자기 마음대로 하는 하느님과 용서와 헌신으로 당신 자신을 드러내시는 하느님 사이의 차이를 잘 이해하고 있었습니다. 히브리인들의 이야기에서 하느님은 정말로 당신을 이해하는 인간과 논쟁하고 당신 자신의 참된 본질을 상기할 준비가 되어 있는 분입니다. 어떤 면에서 이 이야기들은 농담조로 들리기도 하지만, 앞서 말한 우리가 지닌 환상에 대해 다시 생각해보게 합니다. 당신이라면 사악한 도시를 보고 어떻게 하겠습니까? 당신이라면 사막에서 이스라엘 백성이 보였던, 재앙에 가까울 정도의 어리석음을 마주했을 때 어떻게 하겠습니까? 아마 그들을 쓸어버리고 싶은 유혹을 강하게 느낄 것입니다. 그렇지 않을까요? 그것이 우리와 하느님의 차이, 거짓된 신들과 참된 신의 차이입니다. 이것이 참된 전능함의 모습입니다. 전능함이란 극도로 불안정하고 부정의하며 믿을 수 없고 반역적인 세상을 향해, 그리고 그 세상을 위해 신실하게, 언제나 함께 있을 수 있는 무한한 힘입니다. 인간의 마음과 씨름하고 함께 협력하는 가운데, 어떤 대가를 치르고서라도 끊임없이 그것을 돌파해 나가는 힘입니다.

이 때문에 전능하신 하느님 아버지 안에서의 믿음과 신뢰는, 원하는 것은 바로 얻을 수 있고 무엇이든 할 수 있는 모든 힘을 표상하는 것에 자신을 투사하는 것이나 이를 통해 욕구를 충족시키는 것과는 전혀 다릅니다. 그리스도인이 고백하는 믿음과 신뢰는 아브라함과 모세가 이미 발견한, 당신의 사랑과 자유가 결코 다함이 없는 하느님을 발견하는 것입니다. 하느님에 대해서 예수가 말한 바를 다룰 때 '아버지'라는 단어의 의미에 대해 더 이야기하겠지만, 이미 우리는 그 의미를 어렴풋이 알고 있습니다. 우리를 위해 끊임없이 헌신하고, 그 목적을 우리를 향한 변치 않는 사랑에 두는 아버지, 어머니 또는 그런 사람을 우리는 신뢰할 수 있습니다. 자신의 삶이 우리 삶의 원천이 되는 그 사람, 우리에게 언제나 돌아갈 고향이 있음을 확신케 해주는 그런 사람을 신뢰하듯 우리는 하느님을 신뢰할 수 있습니다. 그러니 막강한 아버지에 대한 프로이트적 환상에 관한 우려는 잠시 접어둘 수 있습니다. 여기서 문제가 될 수 있는 것이 있다면 그것은 언제나 받아 주고 위로해 주는 이상화된 어머니의 특징을 우리가 하느님에게 투사할 위험이 있다는 것입니다. 벗어나야 할 우리 자신의 환상에 대해서는 나중에 생각해 보겠습니다. 지금은 일단 하느님이 언제나 새로운 것을 가지고 사태 안으로 들어올 수 있는 능력을 갖고 계시며 인내를 통하여 당신의 힘을 분명하게 드러내신다는 점을 명확히 해두어야 합니다. 이러한 개념을 파악하는 것이 중요합니다. 그러면 첫 그리스도인들에게 왜 예수의 처형이 패배가 아닌 신적인 힘이 드러나는 결정적 순간이었는지를 더듬어 나갈 수 있습니다.

이 장 마지막 부분에서는 2장에서 다룰 주제를 미리 조금 살펴보고자 합니다. 이 모든 것이 정말로 참되다는 것을 어떻게 알 수 있을까요? 지금까지 우리는 단어들이 지닌 의미를 분명히 밝히려 해 왔습니다. 그러나 어떻게 그 언어 속으로 들어가 우리 자신의 고백으로 삼을 수 있는 지점에까지 이를 수 있을까요? 그리스도교는 신뢰할 수 있는 하느님에 대해서 말합니다만, 어떻게 그것이 책 속에만 존재하는 인상적인 인물과는 전혀 다른 진정한 하느님임을 알 수 있을까요? 달리 말해서, 하느님은 정말 존재하는 것일까요?

하느님이 정말로 존재함을 단번에 영원히 증명할 결정적이고 새로운 논증을 제가 아직 발견하지 못했다고 해서 놀랄 분은 없을 것입니다. 그러나 여기서 우리는 살아 있는 신앙의 삶을 살았던 수많은 사람을 기억해 볼 필요가 있습니다. 어떠한 논증의 결과로 그러한 삶을 사는 경우는 극히 드뭅니다. 수 세기 전, 위대한 신학자이자 사목자였던 성 암브로시우스는 "논증으로 당신의 백성들을 구원하는 것은 하느님께 어울리지 않는다"고 말했습니다.* 물론 논증은 그 나름의 용도가 있습니다. 하느님의 존재를 반박하는 사람들과 논쟁할 때 몇 가지 요점을 갖추는 것은 믿음이 완전히 비이성적이라는 생각을 반박하는 데 도움이 됩니다. 그러나 사람들의 상상과 비전 그리고 희망을 실제로 움직이는 것은 무엇일까요?

성서는 하느님의 존재를 논증하지 않습니다. 대신 성서는 하느님과 인간이 갈등을 빚는 순간들, 하느님을 향한 인간의 분노, 하느님의 목적에 대한 인간의 회의, 하느님의 존재를 실제로 느낄 수 없을 때 겪는 인간의 고통과 상실의 순간을 말합니다. 시편과 욥기는 이것으로 가득 차 있습니다. 성서가 믿음과 신뢰의 삶에 관해 우리를 편안케 하고 안심시키는 내용으로 가득 차 있다고 상상하지 마십시오. 그렇지 않습니다. 대체로 성서는 하느님을 우리 곁에 오시게 하려고, 모든 증거가 사라진 것같이 보이는 때에도 그분을 신뢰하기 위해 치러야 하는 무서운

---

*　　　　St Ambrose, *De Fide*, I.42.

대가를 다루고 있습니다. 아브라함, 모세 그리고 사도 바울은 주저앉아서 하느님이 존재하는지 아닌지를 따지지 않았습니다. 그들은 거부할 수도, 외면할 수도 없는 어떤 필연적인 실재에 이미 사로잡혀 있었습니다. 어떤 단계에서 그들이 하느님과 관계할 때 겪는 극심한 고뇌와 투쟁은, 그 자체로 하느님에 관한 논쟁으로 보아야 합니다. 그들이 하느님을 그토록 심각하게 받아들인다면 적어도 이것이 우리 자신을 좀 더 편안하게 해 주기 위해 고안된 길이 아님은 분명합니다.

바로 이 지점에서 많은 이가 하느님을 믿기 시작합니다. 우리는 어떤 유의 사람들을 신뢰합니다. 그들 '안에 우리의 믿음을 둡니다'. 하느님에 대한 믿음은 바로 이 느낌에서 출발합니다. 우리는 그들이 사는 방식에 확신을 둡니다. 그들이 살아가는 방식을 따라 살고 싶어 합니다. 또는 그들이 살아가는 방식을 통해 더 나은, 더 성숙한 순간을 살아가는 우리 자신을 상상합니다. 그들이 머무르며 살아가는 그 세계에 들어가 살고 싶어 합니다. 신앙은 이처럼 우리 앞에 신뢰할 수 있는 삶이 있다는 단순한 사실과 밀접한 관계가 있습니다. 그리스도교 신앙은 하느님을 믿는 어떤 사람들에게서 우리가 들어가 살고 싶은 그 세계를 본다는 것과 연결되어 있습니다.

이는 신앙인들에게 커다란 책임을 부여합니다. 우리가 불확실한 인간의 삶이 아니라 논증에 의지할 수 있다면 한결 간편할 것입니다. 그러나 그렇더라도 명백한 사실은 남습니다. 이 세상에는 하느님이 신뢰할 수 있는 분이라는 것을 증명하기 위해 책임을 지고 응답하는 이들이 정말 있습니다. 하느님을 위해 책임을 지며 나섰던 이들, 현대 세계에 등장했던 전체주의와 폭력이라는 악몽에 저항하며 하느님이 믿을 수 있는 분이라는 것을 보여 준 20세기 위대한 신앙인들 중 한 명에게 저 또한 빚을 지고 있습니다. 독일이 네덜란드를 점령했을 때 에티 힐레줌은 20대의 젊은 유대인 여성이었습니다. 그녀는 특별히 경건한 사람도, 전통을 따르는 사람도 아니었습니다. 종교에 특별히 헌신하는 사람은 더더욱 아니었습니다. 그러나 1941년부터 1943년 사이, 자신의 나라와 민족의 역사 중에서도 가장 끔찍했던 그 기간 그녀가 쓴 일기와 편지들은 대다수가 하느님을 더 깊이 회의했을 법한 시간에 어떻게 그녀가 자신의 삶에 임하는 하느님의 손길을 점점 더 의식했는지를 보여 줍니다.

그녀는 1943년 11월 아우슈비츠 가스실에서 죽었습니다. 아우슈비츠로 호송당하기 전 머무르던 베스테르보르크의 임시 수용소에서 당시 29살이던 그녀는 이런 글을 썼습니다.

이런 시대 속에서도 하느님이 살아 계신다는 사실을 증명하며 모든 것을 견뎌 내고 살아가는 사람들이 반드시 있다. 나라고 그 증인이 되지 못할 이유는 무엇인가?

베스테르보르크에서 친구에게 보낸 편지에서, 그녀는 자신의 삶이 "무엇도 방해할 수 없는 하느님과의 대화"를 나누고 있다고 묘사했습니다. 그녀는 수용소에서 자신의 소명을 감지하며 "단순히 당신, 하느님을 선포하는 것이 아니라 다른 사람들의 가슴에 당신을 불러일으키는 것"이라고 쓸 수 있었습니다. 그녀는 "누군가는 그들에게 당신을 향해 가는 길을 열어 주어야만 한다"고도 썼습니다.* 그녀는 믿음을 이 세계에서 자신을 통해 다른 사람들이 어떻게든 하느님과 연결될 수 있는 어떤 공간을 마련하기 위한 결단의 문제로 보았습니다. 이것은 정신적으로 자기만족을 누리거나 예외적으로 거룩한, 또는 고결한 존재가 되는 것과는 전혀 상관이 없습니다. 그녀는 그저 하느님이 믿을 수 있는 분이라는 것에 책임을 지기로 동의했을 뿐입니다.

　물론 이것은 특정한 시기에 이례적으로 일어난 이야기입니다. 그러나 최근 일어난 일련의 학살을 떠올려 보면 이 이야기들이 예외적이라고만은 생각할 수 없습니다. 지금도 르완다나 수단에서 이와 유사한 기록과 이야기들이 들려오고 있음에는 의심의 여지가 없습니다. 에티 힐레줌을 특별하게 해 준 것이 무엇인지를 명확하게 말하기란 어렵습니다. 그녀가 베스테르보르크 수용소에서 저명한 유대인 철학자로 활동하다 로마가톨릭으로 개종하여 봉쇄수녀원의 수녀가 된 에디트 슈타인을 만났다는 사실은 이 맥락에서는 중요치 않습니다. 에디트 슈타인이 속한 수도회는 나치의 학살에서 그녀를 구하기 위해, 그녀가 네덜란드로 갈 수 있게끔 조치했습니다. 그러나 네덜란드마저 침략당하면서 그녀는 붙잡혔고 에티 힐레줌처럼 아우슈비츠에서 사망했습니

---

* 　　Etty Hillesum, *Etty: The Letters and Diaries of Etty Hillesum, 1941-1943*, ed. Klaas A.D.Smelik, Grands Rapids, Eerdmans, 2002, pp.506, 640, 519.

다. 오늘날 에디트 슈타인은 로마가톨릭 교회의 성인으로 인정받습니다. 그리스도교로 개종했음에도 불구하고 자기 민족과 함께 죽기로 한 그녀의 의지뿐 아니라, 그녀의 죽음, 그녀가 남긴 글, 그녀의 증언에 관해 쓸 수 있는 것은 많습니다. 모든 면에서, 통념적으로 보더라도 분명 그녀는 에티 힐레줌보다 거룩한 사람입니다. 그리고 어떤 면으로 정의하더라도 위대한 여성입니다. 그러나 에티가 보여 준 인간적인 격정에는 무언가 남다른 데가 있습니다. 자유분방한 에너지와 대책 없는 행동, 그리고 하느님을 향한 그녀의 더디지만 놀라운 여정은 우리들 가운데 어떠한 유의 제도 종교에서도 편안함을 느끼기 어려운 이들에게 말을 건넵니다.

극단적인 상황은 사물을 분명하게 드러냅니다. 카르멜회 수녀이든, 통제할 수 없는 열정을 지닌 젊은 작가, 교사이든, 이들은 아우슈비츠로 향하는 길에서조차 하느님이 신뢰할 수 있는 분이라는 사실에 책임지는 모습을 보여 주었습니다. 이 모습은 결코 가벼이 여길 수 없는, 인간이 지닌 총체적 가능성을 보여 줍니다. 이보다 덜 극적인 상황에서도 하느님을 위해 자기 스스로 책임을 지는 것이 무엇을 뜻하는지를 우리는 발견할 수 있습니다. 2년 전 미합중국에서는 『조 신부님: 내 영혼의 구원자』Father Joe: The Man who Saved my Soul라는 책이 예상치 못하게 베스트셀러가 되었습니다.* 저자 토니 헨드라는 1980년대 영국에서 가장 무절제하며 상스럽고 노골적이면서도 신랄한 텔레비전 프로그램이었을 《우상에 침을 뱉다》Spitting Image의 시나리오 작가였습니다. 책에서 그는 자신이 열네 살이 되던 무렵부터 시작된 베네딕도 수도회의 조지프 워릴로 신부와의 우정을 기술합니다. 조지프 워릴로 신부는 열여덟 살에 수도사가 된 이후 와이트 섬에 있는 수도원을 떠난 적이 거의 없습니다. 그러나 헨드라에게 조 신부는 수십 년간 그가 완전히 믿고 의지할 수 있는 지점이었습니다. 신앙의 간구, 성공과 실패, 결혼과 이혼, 재혼, 약물 문제, 자살 기도, 수십 년에 걸쳐 그 모든 일을 겪는 동안 조 신부는 언제나 측은한 마음으로 그의 곁에 있어 주었습니다. 조 신부는 특별히 그의 비위를 맞춰서 점수를 딴다거나 이런저런 지적을 해서 논쟁에서 이기려 하지 않았습니다. 그는 온전한 자기 자신으로 사는 사람이었습니다. 그는 조금은 우스웠고 행동과 모습에서 남의 눈을 전혀 의식하지 않았습니다. 누군가를 사랑하고 이해하는 데는 마치 화강암처럼 한결같았습니다. 그는 끈기 있게, 꾸준히 헨드라의 덧없는 환상과 야망에 구멍을 내며 그가 정말 누구인지 그리고 무엇인지를 상기시켰습니다.

헨드라의 두 번째 결혼 생활 이후 느리게 진행된 치유 과정과 가톨릭 신앙으로 돌아오는 모습은 극적인 성공 이야기로 보이지는 않습니

---

*   Tony Hendra, *Father Joe: The Man Who Saved my Soul*, London, Penguin Books, 2004. 『조 신부님』 (랜덤하우스 코리아 역간)

다. 그러나 그는 자기의 삶에서 한결같이 진실했던 존재가 있었기에 돌아왔습니다. 헨드라는 이 과정을 이렇게 표현했습니다.

조 신부님이 보여 준 지혜는 마치 오랫동안 잘못 진단되어 온 병을 고치는 정확한 처방약과도 같았다.

그는 조 신부를 "무엇이 가능했는지를 알려주는 성인... 불완전한 이들의 성인"이라고 묘사했습니다.* 이 세상의 슬픔과 때가 묻은 곳, 하느님은 그곳에서 시작하십니다. 하느님은 그곳에 있는 이들을 영광스럽게 하기를 원하십니다. 조 신부는 바로 그곳, 이 세상의 슬픔, 때가 묻은 곳에서 시작한 사람이었습니다. 헨드라가 마침내 다시금 어른이 된 자신의 모습을 조에게 열었을 때 그는 고백했습니다. "밀려오는 파도가 나를 보호하기 위해 세워 둔 상식과 의견의 방파제를 압도하는 것만 같았다. 그리고 나는 이런 생각에 이르렀다. 이 무너져 내리는 육신을 지닌, 처진 귀의 늙은이가 하느님이었다. 이 육신에 하느님이 이따금 거하고 계셨다."**

"나는 하느님을 믿지 않았다"고 그는 곧바로 덧붙입니다. "그러나 조 신부님은 언제 어떤 식으로든 나를 그분과 연결시켜 주었다." 헨드라의 상황은 에티 힐레쥼의 것보다는 훨씬 덜 비극적이고 덜 극단적

---

*　　　Tony Hendra, *Father Joe*, pp.191, 214.

**　　위의 책, p.221.

이지만 한 인간의 고통과 회의라는 점에서 봤을 때는 충분히 비극적이라고 할 수 있습니다. 우리가 하느님을 위해 책임을 진다고 할 때, 논쟁이나 회의로는 만들 수 없는 어떠한 연결점을 만들려고 할 때 그것은 관계 안에서 일어납니다. 저는 많은 신앙인에게 이와 다르지 않은 일이 시시각각 일어나고 있다고 짐작합니다. 그래도 우리는 확신할 수 없을지 모릅니다. 여전히 의심과 내적인 괴로움에 시달릴지 모릅니다. 우리는 우리가 믿는 바에 대해 지적으로 만족스러운 설명을 내놓지 못할 수도 있습니다. 그러나 우리의 시선이 닿을 수 있는 어딘가에서 그 연결점을 만들어 내는 사람들이 있습니다. 그런 사람들조차 우리만큼 종종 괴로워하고 갈등한다는 점에 신경 쓰지 마십시오. 중요한 사실은 우리가 속하기를 원하는 바로 그 세계에 속한 이를 우리가 본다는 것입니다. 뉴먼 추기경이 말했듯 돋보기안경은 그 자체로는 차게 남아 있더라도 다른 곳에 불을 지필 수 있습니다.

많은 종교는 누군가가 우리를 위해서 어떤 일을 수행하고 있다는 것을 깨닫고 감사하는 일을 중시합니다. 잉글랜드에서는 특히 그렇습니다. 수많은 책이 교회 건물과 같은 물리적 공간을 얼마나 사람들이 필요로 하고 의지하는지, 교회의 성가대가 얼마나 사회적으로 중요한 역할을 수행하고 있는지를 다루고 있습니다. 많은 사람이 자신이 무엇이

되고 싶은지는 확신하지 못하지만, 헌신하고 있는 그 '누군가'가 있다는 것에는 안도합니다.

이런 상황을 조롱하기는 쉽습니다. 어떤 그리스도인들은 이러한 상황에 분개하기도 합니다. 그러나 이런 상황이 터무니없기만 한 것은 아닙니다. 오늘날 우리가 처한 상황은 우리가 올바로 돌보지 못한 인간성의 다양한 층위를 많은 사람이 점점 더 의식하고 있다고 말합니다. 어떤 층위는 우리를 안심시켜 주는 것들에 의해 돌봐져야 합니다. 그리고 사람들이 더욱 커다란 인식으로 나아가는 도정에 있다면 이는 각자의 속도와 방식으로 이루어져야 합니다. '하느님을 위해 책임을 지는' 사람들에게 충분한 확신을 두고, 자신들이 들어가길 바라는 그 세계에 속하기 위한 마지막 단계를 밟을 것인지를 그들은 결정해야 할 것입니다. 그렇게 할 수 있을 때 그들은 비로소 믿음이 무엇에 관한 것인지를 온전히 발견해 나갈 것입니다.

물론 이 선택은 피할 수 없습니다. 결국 우리는 위험을 무릅쓰고 에티와 조 신부가 속한 세계에 있는 집으로 들어갈 것인지를 선택해야 합니다. 지적인 토론이 약간은 이 선택에서 도움이 될 수도 있겠지만, 그러한 방식으로 선택하는 경우는 드뭅니다. 그리고 우리가 사는 세상처럼 믿음이 약한 사회는 가르치는 권위를 지닌 사람들이나 높은 자리에 있는 사람들뿐 아니라 신앙인들에게도 불편한 질문을 던집니다. 다른 이들과 달리 신앙인들은 신뢰할 수 있는 사람이냐는 것입니다. 이와 관련해 대체로 우리가 할 수 있는 전부는, '우리를 지탱해 주는 사람들'의 이야기를 계속해서 들려주는 것입니다. 나 자신은 신뢰받을 만하지 않더라도, 적어도 신뢰할 수 있는 다른 누군가를 가리킬 수는 있습니다. 용기 있게 실제로 하느님을 위해 책임을 지는 사람들이 있는 한, 가능성은 남아 있습니다. 더디더라도 사람들이 "나는 믿습니다"라고 말하는 지점에 이르는 길을 향한 문은 여전히 열려 있습니다. 이때 "믿습니다"라는 말은 그저 '나는 하느님이라고 불리는 무엇이 존재함을 믿는다'를 뜻하지 않습니다. 이 말은 그 자체로는 UFO를 믿는 것과 다르지 않습니다. '나는 신앙인들이 실재하는 무엇을 이야기하고 있다고 믿습니다'라는 말은 앞의 말보다는 옳은 방향을 향하고 있고, 곁에 있는 신뢰할 만한 사람들의 존재와 연결되어 있습니다만, 여전히 그 뜻을 아우르지는 못합니다. 믿는다는 것은 궁극적으로 "나도 그들이 있는 그 세계에 들어가 살기를 원합니다. 그들이 아는 것을 나도 알기를 원합니다. 그들이 마시는 샘에서 같은 샘물을 마시기를 원합니다"라고 결단하는 것입니다. 이때 우리는 진정으로 말할 수 있습니다.

나는 믿습니다. 나는 확신합니다.
나는 귀의합니다. 나는 집으로 돌아왔습니다.

2.
위험을 무릅쓴 사랑

•하늘과 땅의 창조주•

하느님을 가리키는 삶의 중요함은 잘 드러나는 듯 보입니다. 그러나 누군가는 하느님을 고백하고 표현하는 언어를 왜 가장 중요한 것으로 받아들여야 하는지에 대해서는 아직 다루지 않았다고 할 것입니다. 일단 여러분이 가능성을 열어 둔다면 지금까지 살폈던 이들의 삶이 저 언어에 생명을 불어넣을 것입니다. 그러나 그 언어로 들어갈 수 있는 길을 전혀 찾을 수 없다면 어떻게 해야 할까요?

일반적으로 이 지점에서 하느님의 존재에 대한 논쟁이 수면 위로 떠오릅니다. 이 논쟁들이 무엇을 제기하는지 살펴볼 필요는 있습니다. 그러나 그 전에, 하느님의 존재에 대한 어떤 논쟁도 하느님과의 인격적인 '관계'가 실제로 무엇과 같은지에 대한 완전한 진술을 제공하지는 않는다는 점을 기억해야 합니다. 그래서 모든 논쟁은 신앙의 핵심을 알려주기에 충분하지 않습니다. 하느님의 존재 여부를 두고 논쟁할 때 그 끝에서 "그래서 어쩌란 말입니까?"라고 반문하는 것은 아주 자연스러운 일입니다. 그러나 에티 힐레줌의 편지를 읽은 후 "그래서 어쩌란 말입니까?"라고 말하기는 쉽지 않습니다.

하느님의 존재에 관한 논증들은 이 세계를 하나의 전체로 보는 관점으로 우리를 초대합니다. 이 관점은 이 세계를 실제로 이루어질 수 있는 모든 과정의 총합으로 보면서 질문합니다. '이 모든 것을 하나의 전체로서 설명할 수 있는 방법이 있는가?' 현대 철학자들을 비롯한 많은 사람이 이 물음을 유용하지도 않고 의미를 지니기도 어려운 물음으로 여깁니다. 실제로 이루어질 수 있는 모든 과정의 총합이란 저마다 이유를 지니는 각각의 것들 여럿을 더한 것에 지나지 않습니다. 이런 총합으로서의 전체에 대한 설명은 필요하지 않습니다. 그런 '전체'는 없기 때문입니다. 그러나 여전히 어려움을 자초하며 이런 입장을 고수하는 사람들이 있는 이유에는 두 가지 요소가 있는 듯합니다. 하나는 대다수 사람이 여전히, 이 모든 것이 어디서 비롯되었는지 묻는 것이 마땅하다고 직관적으로 생각한다는 것입니다. 다른 하나는 '태초의 사건', 즉 우리가 알고 있는 우주가 팽창하기 시작한 지점을 이해하려는 과학 연구에서 나타나는 일반적인 추세입니다. 둘 중 어느 것도 하느님의 존재에 관한 논쟁에서 결정적인 논증이 될 수 없고, 그와 관련한 논쟁에 종지부를 찍지 못합니다. 그럼에도 이 질문을 던지지 않을 수 없다는 느낌은 계속해서 남습니다.

톰 스토파드가 쓴 탁월한 희곡 『도약자들』Jumpers에는 철학 교수 조지가 등장합니다.* 조지는 신의 존재에 대한 강의를 준비하면서 인상적인 문구를 남깁니다. "차례차례 쓰러지며 무한히 이어지는 것같이 보이는 도미노가 있다면… 가장 처음 '밀려 넘어진' 도미노가 어딘가에 있었을 것이다." 이 생각 자체는 투박하지만 이러한 생각은 우리가 사물의 운동에 관해 말할 때 처음 그것을 운동하게끔 한 존재는 무엇인가라는 질문을 피하기 어렵다는 사실을 보여 줍니다. 운동과 에너지를 근본적인 영역으로 다루는 과학에서 에너지를 공급하는 것이 무엇인가라는 질문을 던지는 것은 타당합니다. 바꾸어 말하면 우주는 다양한 방식으로 절묘하게 '조율된' 복잡한 에너지 망입니다. 이 에너지 망에는 기본적인 형태도 변하지 않는 유형도 없습니다. 그러나 에너지는 언제나 보존됩니다. 모든 형태를 지닌 존재가 운동하다 언젠가 그 형태이기를 멈추고 다른 무엇인가로 변화하는 것이 사실이라면 어째서 이 우주에서는 전체 체계가 일관성을 잃고 붕괴하여 완전한 우연의 세계가 되는 일이 단 한 번도 발생하지 않는 것일까요? 우리는 가장 미시적인 차원, 존재의 가장 원시적인 단계로서 우연성을 인지합니다. 우리가 마주한 참된 '우주', 이 독립적이고 일관성을 유지하면서도 제약을 받는 체계가 균형을 유지하게끔 만드는 것은 과연 무엇일까요?

이를 두고 "그건 원래 그런 겁니다. 우리가 말할 수 있는 건 그게 다

---

*   Tom Stoppard, *Jumpers*, London, Faber&Faber, 1972.

예요. 질문 자체에 문제가 있습니다"라고 답하는 것이 터무니없지만은 않습니다. 그러나 여전히 많은 사람이 이 질문을 두고 고민합니다. 우리는 이 질문과 관련하여 이 우주와 나란히 있지 않으면서도 어떤 식으로든 전체 우주를 유지하고 포괄하는 한 실재, 어떤 제한과 제약도 없이 움직이고 활동하는 실재를 생각해 보라고 사람들에게 제안할 수 있습니다. 그리고 이 전체 우주를 그 실재와 관련 있는 것으로 떠올리도록 사람들에게 권유할 수 있습니다. 이렇게 말하는 것은 우리가 앞 장에서 다루었던 하느님의 자유에 잇닿아 있습니다. 우리가 '하느님'이라는 단어를 쓸 때 이 단어가 의미하는 바가 같은 구조 안에 있는 좀 더 크고 훌륭한 행위자를 가리킨다면 이 단어는 더 높은 단계의 설명을 필요로 할지언정 여전히 같은 우주 안에 있는 존재를 가리키는 것에 불과합니다. 우리에게는 그보다 더 깊은 설명이 필요합니다. 이 때문에 어린이들은 학교에서 "하느님이 세상을 만들었다면 하느님은 누가 만들었나요?"라고 끊임없이 질문합니다. 종교 사상가들은 이러한 사태를 피하기 위해 우리가 하느님을 표현하는 단계에 이르렀을 때 기존 구조 안에 있는 설명의 차원에서는 더는 이야기할 수 없다고 주장해 왔습니다. 하느님에 관해서 언급하는 것은 우리의 정신을 사용해 그 자체로는 전적으로 일관성을 지니고 있으되 다른 활동의 영향은 전혀 받지 않는 하나의 활동을 생각해 보려 시도하는 것입니다. 말하자면 이것은 자기 자신만이 그 자신을 설명할 수 있는, 자기 자신만을 '원인'으로 하는, 영원하고 불변한 존재입니다.

여기서 한두 가지 조심해야 할 것이 있습니다. 하느님이 우주를 창조하셨으되 우주와 나란히 계시지 않는다는 말은 하느님이 과거 어느 특정 시점에 세계를 만드시고 세계가 스스로 발전하도록 내버려 두셨음을 뜻하지 않습니다. 로마가톨릭 저술가이자 기자인 앨리스 토머스 엘리스는 자신이 쓴 재치 있고 신랄한 소설에서 어떤 이의 입을 빌려, 하느님은 오래 전에 천재적인 위대한 작품을 발표한 후 지금은 은퇴한 무서우리만치 총명한 학자와 같다고 말한 바 있습니다. 다른 사람들 역시 이와 크게 다르지 않은 방식으로 하느님을 말하곤 했습니다. 18세기에서 19세기 사이에 활동한 성직자 윌리엄 페일리는 널리 알려진 시계와 시계공의 유비를 말했습니다. 우리가 어느 외딴 시골 도로에서 떨어진 시계를 발견한다면 그 시계를 두고 이 지역에서 자라는 희귀한 식물이라고 결론 내릴 사람은 없습니다. 당연히 우리는 시계공이 그것을 만들었다고 생각할 것입니다. 이 세계는 고도로 복잡한 실체입니다. 이 세계를 설명하기 위해서는, 소설 『톰 아저씨의 오두막』Uncle Tom's Cabin에 등장하는 노예 소녀 톱시가 자신의 출생을 설명하듯이 '그냥 자라났다'고 간주하기보다는 그것을 창조한 정신을 생각해야 할 필요가 있습니다.

그러나 시계와 시계공의 유비는 이 문제를 생각하는 데 별다른 도움을 주지 않습니다. 유대교와 그리스도교 그리고 이슬람 전통에서 창조주에 대한 믿음은 하느님이 이 세상을 만드시고는 세상이 알아서 굴러 다니도록 내버려 두고 떠나셨다고 말하지 않습니다. 이들 종교에 속한 신자들은 창조가 '지금'도 진행 중이라고 말할 것입니다. 분명 어떤 시작 지점이 있었습니다. 그러나 이는 절대로 멈추지 않는, 살아 움직이는 관계의 시작이었습니다. 하느님에게 있어서 창조는 당신과 다른 실체를 지탱하기 위하여 어떤 방해도 받지 않은 채 활동하는 것, 당신의 생명에 '온전히 집중하는 것'입니다. 이것을 시계공의 이미지와 비슷한 수준의 비유로 설명하자면 빛을 발하는 전구의 예가 있습니다. 전류는 전구의 빛을 밝히는 원인입니다. 전류는 여러분이 불을 켜기 위해 스위치를 누르는 바로 그 시점에만 전구를 맴돌지 않습니다. 그렇게 되면 빛 자체는 전류와는 동떨어진 결과일 것입니다. 사실은 정반대입니다. 전류가 지금 여기에 흐르고 있기에 빛도 지금 여기서 발할 수 있습니다. 꼭 그처럼, 우리를 지금 여기에 실제로 있게끔 하는 것은 신적인 활동이 자아내는 '흐름'입니다.

지금 이 순간 창조가 일어나고 있다는 사실은 가슴 벅찬 일입니다. 어떤 불의의 사고가 일어나 우리가 하느님의 관심 밖으로 밀려난다면 우리는 여기에 존재할 수 없을 것입니다. 창조의 순간이 언제나 지금이라는 것은 모든 상황, 모든 사물, 모든 사람 안에서 하느님이 끊임없이 활동하신다는 것을 의미합니다. 하느님의 활동은 만물의 중심에 자리한, 일종의 백열白熱입니다. 우리가 의식하기 전에 우리 한 사람 한 사람은 이미 하느님과의 관계 안에 있습니다. 우리가 마주하는 모든 사물과 사람 또한 우리와 어떤 관계를 맺기 전에 이미 하느님과의 관계 안에 들어와 있습니다. 이것이 우리가 경외감과 경이감을 가지고 이 세계와 다른 사람을 대하도록 하지 않는다면 무엇이 그렇게 할 수 있을지 저는 잘 모르겠습니다.

13세기에 활동한, 그리스도교 역사에서 가장 위대한 정신 중 하나였던 토마스 아퀴나스는 창조에 관해 언급하면서 창조를 이전과 이후가 있는 하나의 사건으로 생각해서는 결코 안 된다고 말했습니다. 또한 고대 세계의 일반적 관점처럼 창조를 마치 태초에 혼돈이 있었는데 하느님이 그것에 질서를 세우셨다는, 특정 상황의 변화로 생각해서도 안 된다고 말했습니다. 창조란 하느님과 하느님 아닌 것 사이에 관계를 세우는 하느님의 활동입니다. 영원의 관점에서 보자면 하느님만이 존재합니다. 하느님은 발전하시지도 퇴보하시지도 않습니다. 하느님이 이 세계에 존재를 부여하기 위해 말씀하셨을 때 바로 시간이 시작되었습니다. 그렇게 하느님은 당신과 다르면서도 당신 자신에게 의존하는 실체를 세우셨습니다. 이 세계는 매 순간 그분께 의지하고 있으며 그분이 하시는 활동의 흐름을 따라 함께 움직입니다. 우리가 마주하는 모든 것의 배후와 표면 아래에는 이 활동이 자리하고 있습니다. 대성당의 기둥이나 산 정상처럼 움직이지 않고 변하지도 않는 것처럼 보이는 사물들 안에, 그리고 그 너머에는 어떤 강렬한 에너지와 움직임이 있습니다. 여기서 과학자들은 고정적인 형태를 지닌 모든 사물의 핵심에는 원자보다 작은 아원자 입자들이 춤추고 있다고 말할 것입니다. 과학자들이 하는 이러한 말의 중심에 움직임과 에너지가 있다는 점을 신학자들은 기뻐해야 마땅합니다. 신학자들은 저 말에 덧붙여서 아원자 입자들의 핵심에, 측량과 관찰의 범주 너머에는 더욱 근본적인 어떤 활동과 움직임, 즉 하느님에게서 흘러나오는 생명이 있다고 말해야 할 것입니다.

> 당신은 위대한 이, 하찮은 이 모두에게 생명을 주셨네.
> 만물의 참된 생명, 당신은 모든 생명 안에 살아 계시네.

성가 '영원하시며, 볼 수 없는 분'Immortal, invisible에 나오는 이 구절은 앞에서 말한 모든 것을 담고 있습니다. 여기에 창조에 관한 진정한 그리스도교 교리가 있습니다. 창조는 우리가 말하고 쓰고 읽는 지금 이 순간에도 진행 중입니다. 이러한 비전은 성가에서뿐 아니라 우리가 드리는 여러 기도에서도 등장합니다. 또한 구약성서와 외경에서 '지혜문학'에 해당하는 책들, 잠언, 욥기 일부, 시편 일부, 지혜서, 집회서 등에서도 나타납니다. 이 중에서 가장 아름다운 표현은 지혜서 7장에 등장합니다. 여기서 하느님의 지혜는 인자하고 섬세하며 평온하고 지성적인 정신으로, 언제나 우주를 가득 채우고 있으며 인간들의 세계 안에서 자신의 벗과 협력자를 찾으면서 인간의 정신과 마음에 깃들고자 하는 정신으로 표현됩니다. 또한 사도행전 17장에서 사도 바울은 아테네 학자들에게 어느 그리스 시인의 시를 인용하며 우리는 하느님 안에서 "살고 움직이며 존재"한다고 말합니다.

이것을 염두에 둔다면 우리는 적어도 과학과 종교 사이의 의미 없는 대립을 극복할 적절한 관점을 제시할 수 있습니다. 그리스도교 신앙은 세계를 이루는 메커니즘에 대해 대체 이론을 제공하는 것을 의도하지 않습니다. 그리스도교 신앙은 이보다 한발 더 깊숙이 나아가도록 우리를 초대합니다. 나사와 볼트를 넘어서, 심지어 빅뱅을 넘어서, 아무런 제약도 받지 않으며 그 자체로 지고의 존재이기에 무엇에도 의존하지 않고 끊임없이 자기 스스로 흘러넘치는 존재, 그렇기에 우리가 아는 현실 세계가 의존할 수 있는 존재의 활동을 상상하도록 우리를 초대합니다. 창조는 어떻게 만물이 시작되었는지를 다루는 이론이 아닙니다. 성 토마스 아퀴나스가 말했듯 창조는 만물을 하느님과의 관계 안에서 바라보는 하나의 방식입니다. 우리가 마주하는 모든 것은 무엇이든 하느님이 거기에 있도록 선택하셨기에 그곳에 있습니다.

이렇게 말하면 몇 가지 문제가 곧장 제기됩니다. 우선 하느님이 만물의 핵심에 계시다면 하느님과 이 세계 사이에 실질적인 차이가 없을 거라 오해할 수 있습니다. 이것이 우리가 알고 있는, '하느님은 만물과 동일하다'는 범신론입니다. 이러한 유의 혼동이 일어날 때는 하느님의 활동과 그 외 다양한 활동의 차이를 기억해야 합니다. 하느님은 전적으로 독립적으로 활동하십니다. 하느님의 활동은 그 자체 외에는 다른 무엇에서도 기인하지 않습니다. 반면 다른 여러 활동은 하나의 체계 안에서 서로 연결되어 있으며 서로 활동을 주고받고 서로에게 영향을 미칩니다. 하느님은 고무줄이 늘어나거나 액체가 특정 온도에서 끓어오르는 식으로 당신 자신을 '확장'하시지 않습니다. 논리적으로 그럴 수 없습니다. 하느님은 하느님 아닌 것을 만드시고 그것들 전부와 자유와 사랑의 관계를 맺으십니다. 또한 피조물은 편지지가 편지 봉투에 담겨 있듯 하느님 '안'에 있지 않습니다. 하느님 또한 그러한 방식으로 피조물 안에 계시지 않습니다. 하느님이 피조물과 세우시는 관계는 시간과 공간 안에 있지 않습니다. 하느님이 창조를 위해 움직이실 '때', 오직 그 '때'에 비로소 시간과 공간은 존재하기 때문입니다(이 문장에서 '때'라는 단어가 지닌 특이점을 생각해 본다면 우리의 지성에 이 주제가 도전하는 바가 무엇인지 알 수 있을 것입니다). 설령 창조가 일어나지 않았더라도 하느님은 그 영광과 아름다움의 손상 없이 여전히 동일한 하느님입니다. 하느님은 마치 자연이 법칙을 지니고 있듯이 그렇게 사물 안에 계시지 않습니다. 하느님이 만물의 핵심에 계시는 것은 자유로운 결단의 결과입니다. 범신론은 존재하는 모든 것의 총합이 하느님이라고, 또는 하느님은 만물에 있는 보편적인 법칙에 불과하다고 말합니다. 이에 반해 그리스도교는 존재하는 모든 것의 총합은 하느님의 활동과 의지에 의해서 지탱된다고 말합니다. 하느님은 그 모두를 지탱하고도 '다함이 없습니다'. 우주가 사라진다고 하더라도 하느님은 전과 다름없이 하느님으로 계십니다.

그러나 이렇다 할지라도 가장 커다란 문제가 남아 있습니다. 바로 악의 문제입니다. 하느님이 만물의 핵심에 자리하고 계시고 모든 과정의 핵심에 활동하고 계신다면 우리가 겪는 고통과 재앙, 암과 쓰나미와 같은 일들은 어떻게 설명해야 할까요? 먼저, 이 문제를 고민하는 것이 어떤 답을 찾아내 근심을 멈추고 편하게 물러앉으려는 것이 아님을 분명히 해 둘 필요가 있습니다. 우리가 악의 문제를 생각하는 이유는 쓰나미와 산사태를 두고 "그건 모두 아주 간단히 해결될 수 있는 일입니다. 의심하거나 불안해 할 필요 없습니다"라고 말하고자 함이 아닙니다. 그런 태도를 보일 때 우리는 직접적으로 다가오는 생생한 고통과 슬픔에 무감각해지고 마땅히 가치를 두어야 할 우리 삶과 행복을 둘러싼 문제를 경시하게 됩니다. 악의 문제를 둘러싼 고통스러운 물음은 인간의 고통을 받아들이는 것을 우리가 얼마나 진지하게 배워 왔는지를 분명하게 보여 줍니다. 이러한 진지함은 신앙이 만들어 내는 차이를 보여 주는 가장 훌륭한 증거입니다. 신앙의 눈으로 보면 이 세상에 쓸모없는 사람은 없습니다. 어느 누구의 고통도 하찮지 않습니다. 어느 누구의 고통도 한낱 통계로 매길 수 없습니다.

한 사람의 삶이 다른 누군가의 삶보다 덜 중요한 것처럼 설명하는 것은 그리스도교 신앙의 기본적인 관점을 배반하는 것입니다. 테러와 재난이 일어나는 세상에서 하느님에 대해 말하는 것은 어불성설이라고 결론짓기 전에 우리는 최소한 몇 가지를 명심해야 합니다. 하느님이 당신과는 전혀 다른 세상을 만드셔서 그 세상을 이루는 요소들이 서로 연결되고 영향을 주고받게끔 만드셨다면 이는 세상이 변화할 수 있음을 뜻합니다. 이 세계는 여러 과정이 함께 일어나고 맞물리면서 또 다른 사건들을 만들어 냅니다. 모든 사건은 실질적으로 셀 수 없이 다양한 원인에 의해 일어나면서도, 그렇게 맞아떨어지도록 하는 요소들을 지니고 있습니다. 이러한 모든 과정이 새로움과 변화를 향하되 그 안에 있는 요소들이 절대 충돌하지 않게끔 설계되었다면 이 세계는 어느 정도 이상으로는 절대 변화하지 않으며 일정한 현상들이 연결되어 있으나 각자의 영역에 관여하지는 않는 일련의 다발에 불과할 것입니다. 세계가 이렇게 설계되었다면 그것이 하나의 체계를 이루는 실제 우주로서 하느님과는 다른 그 자체의 총체성과 전체적인 일관성을 지닐 수 있을 것인지는 논란의 여지가 많습니다. 최근 몇 년간, 이 세계에서 일어나는 아주 미미한 현상조차 균형을 벗어나 놀라운 효과를 낼 수 있다는 것에 대해 사람들은 고심하기 시작했습니다. 일례로, 아시아에서 발생한 한 마리 나비의 날갯짓이 유럽에 돌개바람을 일으킬 수 있습니다. 세계를 어떤 종류의 상호작용은 절대 일어날 수 없는, 서로 고립된 수많은 체계의 묶음으로 설명하는 것은 설득력이 떨어집니다.

일관성을 지닌 우주라는 개념은 변화의 과정이 언제나 매끄럽고 점진적이지만은 않을 것이라는 점을 암시합니다. 이 우주에는 대재앙, 어떤 요소들이 맞물리면서 폭발할 때 생기는 극심한 '폭력'의 순간들이 있습니다. 특정 온도에서는 지진이 일어나고 화산이 분출하는가 하면 다른 온도에서는 빙하가 녹습니다. 인간이나 다른 생명체가 그 주변에 없다면 문제가 되지 않을 것입니다. 그러나 이 세계가 지닌 총체적이고 상호 연결된 측면은 그러한 과정에서 생명을 잉태하고 지적 존재를 탄생시킵니다. 자연이 일으키는 과정의 세계는 이제 생각하고 계획하고 선택할 수 있는 지적 존재를 포함합니다. 인간에게는 어디서 살지를 선택할 수 있는 자유가 있습니다. 심지어 화산이 분출하는 곳에 살기를 선택할 수도 있습니다.

하느님이 사람들이 그러한 곳에 살지 못하도록 하셔야 할까요? 아니면 상황이 위험해질 때마다 경고하시고 기적을 행하는 방식으로 여기에 개입하셔야 할까요? 얼마나 상황이 나빠야 하느님이 개입하셔야 한다고 말할 수 있을까요? 이 지점에 이르면 우리는 악의 문제에 관한 물음이 지니는 이상한 점을 어렴풋이 감지합니다. 영원한 안전망을 지닌 세계를 그 자체의 일관성과 규칙을 지닌 진짜 세계라 할 수 있을까요?

이렇게 생각한다고 해서 아시아에서 일어난 쓰나미와 같은 사태를 절대 감정적으로 편하게 받아들일 수는 없습니다. 악의 문제를 두고 우리는 끊임없이 하느님에게 질문하고 항의할 것입니다. 그러나 자연재해는 자연법칙이 일으킨다는 점을 분명히 인식하고자 우리는 노력해야 합니다. 사람과 동물이 그러한 재앙에 휩쓸리는 것은 말할 수 없이 끔찍한 일입니다. 그러나 살아 있는 피조물이 위험에 처할 때마다 자연법칙으로 일어나는 과정을 하느님이 중지시키는 세계를 진짜 세계라고 할 수 있을까요? 이 세계가 그저 하느님의 실재를 위한 허울이 아니라면, 어떠한 연속성도 없는 현상들에 불과한 것이 아니라면 이 문제를 통과할 수 있는 지름길은 없습니다. 다시 한번 강조하지만, 이러한 맥락에서 하느님에 대한 신뢰를 발견하게 하는 것은 왜 악이 일어나는가를 단번에 설명할 수 있는 논증이 아니라 두려움에 가득 찬 가운데서도 하느님이 실재하심을 발견했던 사람들의 실제 경험입니다. 어떤 사람이 하느님과 더불어 정직한 삶을 살기 위해 최악의 고통에 올곧게 맞서는 것이 가능하다면, 그럼으로써 하느님을 증언한다면 첫 번째 장에서 살펴보았듯이 우리는 그 모든 삶과 증언을 자의적인 헛소리로 치부할 수 없으며 이를 진지하게 받아들여야 합니다.

그렇다면 하느님은 위험한 세계를 만드신 걸까요? 우리가 보기에는 분명 그렇습니다. 하느님 아래 만물은 모두 위험에 노출되어 있습니다. 하느님은 세상을 창조하시는 와중에 위험이 극단에 이르는 것을 감수하시면서도 정신과 자유를 지닌 피조물이 생겨나도록 하셨습니다. 하느님이 "내 생명과 활동의 모든 면을 이 세계에 다 부어 주겠지만 자유만은 허락하지 않겠다"라고 말씀하시는 것은 하느님 자신의 역할을 격하시키는 것입니다. '진정한 다름'이 야기할 수 있는 가장 어려운 도전을 거부하는 하느님은 한계를 지닌 하느님과 다름없기 때문입니다. 창조 안에 담긴 하느님의 목적은 당신의 존재와 생명, 그리고 기쁨을 최대한 부여하는 것입니다. 그 목적에는 저나 여러분 같은 피조물이 존재할 수 있도록 당신의 자유를 허락하시는 것 또한 포함됩니다. 성서가 말하는 대로 하느님이 당신을 온전히 반영하는 존재, 즉 사랑하고 선택할 수 있는 능력을 지닌 존재를 만드셨을 때 창조는 절정에 이르렀습니다. 성서 첫 장에 나타나듯 하느님의 '형상'을 간직한, 하느님을 '닮은' 이 존재들은 창조 세계의 나머지 부분과 상호 관계를 맺으면서 그 일부에 속하는 동시에 그것들과는 다른 차원에 놓여 있습니다. 이 존재의 출현과 함께 창조 세계에 내재한 위험성과 불확실성 또한 새로운 차원에 이릅니다. 세계의 안전을 위협하는 요소는 자연 과정 안에 있을 뿐 아니라 인간의 선택 안에도 있게 되었습니다. 인간은 때로는 어리석음 때문에, 때로는 하느님과 타인을 적극적으로 해하기 위해 세계의 안전을 위협할 수 있습니다.

이를 두고 하느님이 세계를 만드실 때 정말 진지하셨냐는, 조금은 불손한 질문을 던질 수 있습니다. 하느님이 정말 이 세계를 진지하게 여기신다면 당신의 생명이 지닌 모든 요소를 다시 거두어 가시는 일 없이 세계에 전부 주실 것입니다. 따라서 하느님의 자유, 하느님의 사랑, 새로운 것들을 만들고 그것들과 관계를 맺을 수 있는 하느님의 능력을 지닌 어떤 존재들이 이 우주에 존재하는 것은 적절한 일입니다. 이 세계에 위험이 있는 이유는 하느님이 이 우주를 정말 진지하게 여기시기 때문입니다. 우주는 정연하면서도 부서지기 쉬운 복잡한 창조물입니다. 창조의 관점, 우리가 몸담고 있는 우주의 관점에서 보았을 때 창조주를 향한 우리의 신뢰가 하나의 도전일 수밖에 없는 이유는 하느님이 우리의 안전을 보장하시지는 않지만 가장 절망적인 상황 속에서도 하느님이 여전히 그곳에 계셔서 모든 것에 가닿으실 수 있고 모든 것을 자유롭게 움직이실 수 있기 때문입니다. 어떤 이들은 가장 위태로운 상황 속에서 하느님의 존재를 가장 깊이 의식했습니다. 구약성서 욥기를 보면 말할 수 없는 괴로움과 상실을 겪던 욥이 "그분께서 나를 죽이실지라도 나는 그분을 신뢰할 것이오"(욥기 13:15)라고 말하는 대목이 나옵니다. 오늘날에도 여전히 이렇게 말하는 사람들이 있으며 저는 이들을 마냥 무시할 수는 없다고 생각합니다.

대수롭지 않게 보일 수 있지만, 이는 우주가 어떻게 작동하는지를 엄중하게 보여 줍니다. 그리스도인은 기적을 믿어야 하는 사람들 아닌가요? 성서는 하느님이 당신께 합당한 일이라면 창조 세계에 당신의 뜻을 관철하시는 분임을 명백히 보여 주고 있지 않습니까? 성서가 옳다면 '왜 하느님은 저기에는 개입하시면서 여기에는 상관하지 않으시는가?'라고 울부짖는 고통스러운 질문을 정당화할 수 있는 길도 찾을 수 있지 않을까요? 왜 어떤 기도는 응답받는 것처럼 보이는데 어떤 기도는 응답받지 못하는 것일까요? 몇 년 전 매우 열성적이고 은사주의적인 기도 모임에 참여했을 때 어떤 분이 던진 질문을 저는 아직도 생생히 기억합니다. 그분은 하느님이 왜 기도 모임에 참여하는 구성원들이 편하게 모임에 참석할 수 있도록 주차장에 빈 공간은 마련해 주시면서 북아일랜드에서 일어나는 갈등은 해결해 주실 수 없느냐고 물었습니다.

아주 좋은 질문입니다. 여기에 답하려면 첫 번째 장에서 살폈던 전능함에 관한 다양한 견해들을 다시 생각해 볼 필요가 있습니다. 저는 앞에서 원하는 것은 무엇이든 할 수 있는 전능한 존재가 되었을 때 우리가 무엇을 할지 생각하듯 하느님의 전능함에 관해 생각해서는 안 된다고 경고했습니다. 저는 전능하신 하느님의 그림을 이렇게 그립니다. 그분이 지닌 능력은 모든 것의 중심에서 언제나 활동하고 있습니다. 그분의 힘은 마치 대양의 거대한 파도처럼 끊임없이 밀려들어 오는 사랑의 힘, 어떠한 희망도 보이지 않는 순간에서조차 미래를 향한 문을 열어젖히는 힘입니다. 그렇다면 이것을 기적에 관한 질문에 어떻게 적용할 수 있을까요?

한 가지는 분명합니다. 기적을 말할 때 어떤 사람들이 생각하는 것처럼 마치 민원을 접수하듯 우리의 기도를 듣고 계시는 하느님을 떠올려서는 안 됩니다. 기적이란 하느님이 결재하시면 천사들이 일을 처리하는 민원 처리 과정이 아닙니다. 기적에 대해서 5세기의 성 아우구스티누스가 제기한 생각은 조금 더 합리적인 접근을 제시합니다. 그는 기적을 자연 과정의 진행 속도를 '앞당기는 것'으로 생각했습니다. 어쩌면 매우 단순한 말로 들리지만, 아우구스티누스의 이 생각은 중세의 많은 사상가가 다양한 방식으로 받아들였습니다. 하느님이 언제나 우리를 둘러싸고 활동하고 계신다면, 다시 말해 그분이 언제나 우리 가까이에서 움직이고 계신다면 그분의 활동과 이 세계에서 일어나는 과정을 같은 공간에서 경쟁하며 서로 대립하는 것으로 생각해서는 안 될 것입니다. 이 세계에서 일어난 과정 속에서 하느님의 최종 목적이 드러난 순간이 있었다면 어떨까요? 이 세계가 어느 순간 수면 아래에서 역사하시는 하느님의 활동을 '투명하게' 드러냈다면 어떨까요?

하느님은 언제나 역사하십니다. 그러나 그 활동이 언제나 드러나지는 않습니다. 하느님은 언제나 역사하시지만, 이 세계는 그분의 최종 목적을 향해 가는 흐름에 한 줌 보탬이 될 때가 있는가 하면 도리어 거역할 때도 있습니다. 이 세상에는 함께 모이는 순간 그 '흐름'을 더욱 순조롭게 하고 빨라지게 하는 무언가가 있습니다. 진정으로 간절한 기도와 거룩한 삶은 하느님의 목적에 맞게 이 세상을 좀 더 열어젖혀서 예기치 않았던 사건을 일으킬 수 있습니다. 이것이 어떻게 작동하는지 우리는 온전히 이해할 수 없습니다. 우리가 하느님의 입장에 서서 모든 것을 완전히 바라볼 수는 없기 때문입니다. 그러나 하느님이 이 우주에 개입해 들어오실 수 있는 특별한 자유를 요청하는 순간이 있음을 우리는 떠올릴 수 있고, 말할 수 있으며, 이를 행할 수 있습니다. 온전히 이해하든 못하든, 이 일이 일어나도록 하는 것이 우리에게 달려 있음을 우리는 알고 있습니다. 하느님이 좀 더 곧바로 들어오실 수 있는 상황을 빚어내기 위해 우리는 기도하고 행동합니다. 우리는 이 과정을 통제할 수 없습니다. 기적은 마술이 아니며 기도가 이루어지기 위한 기술을 알려주는 매뉴얼이란 없습니다. 기도를 이루어지게 하는 주문을 알면 좋겠지만 그렇지 못합니다. 우리는 그저 기도하도록, 신뢰하도록, 하느님 앞에서 온전히 살도록, '거룩한 삶'을 살도록 부름받았습니다. 이것이 우리가 아는 전부입니다. 우리는 이를 행함으로써 세계의 문을 열며, 하느님의 목적을 향해 가는 것들이 함께 모여 하나의 흐름을 이루도록 합니다. 이 흐름을 타고 사랑이 들어옵니다.

말씀드렸듯이, 하느님에게는 언제나 새로운 사건이 일어나도록 이 세계의 문을 열어 두실 수 있는 자유가 있습니다. 우리는 이 하느님의 자유를 향해 깊이 헌신할 수도 있고 살짝 거들 수도 있습니다. 헌신을 선택할 수도 있지만 거역을 선택할 수도 있습니다. 이러한 그림을 염두에 두면서 왜 어떤 기도는 '응답'을 받는데 어떤 기도는 그렇지 못한지 생각해 봅시다. 하느님이 어떤 기도에 응답하시고 어떤 기도에는 응답하시지 않는 것은 어떤 이를 다른 이보다 더 좋아하셔서가 아닙니다. 어떤 사람들이 기도에 응답받기 위해서 어느 버튼을 눌러야 할지, 어느 동아줄을 잡아당겨야 할지 알기 때문도 아닙니다. 우리가 원하는 것을 들어주실 때까지 열성적인 부흥회로 하느님을 밀어붙일 수 있기 때문은 더더욱 아닙니다. 어떤 사람들이 기도에 관해 저런 식으로 말하는 것을 들어 본 일이 있을 겁니다. 그러나 그리스도인으로서 잠깐만 생각해 본다면 그들이 하느님에 관한 또 하나의 어리석고 불쾌한 생각을 비치고 있다는 것을 분명하게 알 수 있습니다. 어떤 상황에서 사건들의 균형을 흔들고 세계의 문을 활짝 열어젖힐 수 있는 요소들은 헤아릴 수 없이 많습니다. 기도를 하거나, 사랑을 실천하거나, 하느님을 위해 우리 자신을 바치는 일들은 그 수없이 많은 요소 중 하나가 될 수 있습니다. 우리가 아는 것은 그것뿐입니다.

예수가 일으킨 기적들은 저것들보다 훨씬 더 직접적이라고 할 수 있을까요? 어떤 의미에서는 그렇습니다. 그리고 그러기를 바라야 합니다. 예수가 있는 곳에는 기도와 거룩함이 훨씬 더 밀도 높게 모여 있었습니다(이것이 무엇을 뜻하는지는 다음 장에서 좀 더 다루겠습니다). 그를 둘러싼 공간에서 세계의 문은 언제나 더 활짝 열려 있었습니다. 이보다는 덜하지만, 많은 위대한 성인 역시 마찬가지였습니다. 그러나 우리는 이렇게 말하면서도, 복음서는 예수가 당신이 원하는 것을 언제 어디서나, 무엇이든 할 수 있었다고 말하지 않는다는 점을 알아야 합니다. 예수는 사람들이 당신 안에 신뢰를 두었기에 치유되었다고 말합니다. 이러한 신뢰가 바탕이 되지 않는다면 그 역시 많은 일을 할 수 없습니다. 마르코의 복음서 6장을 보면 몇몇 그리스도인 사이에서 논란이 되었던 구절이 나옵니다. 나자렛에서 사람들이 신뢰하지 않았기 때문에 예수가 많은 기적을 행할 수 없었다고 하는 장면입니다. 예수가 있었다고 한들 언제나 모든 요소가 한데 모였던 것은 아니었습니다.

그러니 초기 그리스도교 그림들이 예수를 손에 마술봉 같은 것을 들고 있는 모습으로 순진하게 표현하고 있다 하더라도 마법사는 절대 그의 본 모습이 아닙니다. 예수가 지니고 있던 경계 없는 측은지심이 다른 요소들과 온전히 한데 모였을 때 기적은 일어났습니다. 무엇인가가 풀려났을 때, 무엇인가가 변했을 때 기적이 일어났습니다. 여기서 다른 요소들이란 고통에 잠겨 있던 사람이 예수에게 보인 신뢰, 또는 그의 부모, 그의 친구들이 보여 준 신뢰를 포함합니다. 기적은 전적으로 하느님이 역사하시는 활동인 동시에 우리가 기도하고 신뢰하며 순종함으로써 이 세계에 하느님을 위한 공간을 마련하려는 노력의 결실이기도 합니다. 여기서 중요한 사실은 기적이 일어나지 않았다 하여 고통을 겪고 있는 사람이 충분한 신뢰를 보이지 않았다거나 치유받을 자격이 없었다는 것을 뜻하지는 않는다는 것입니다. 이렇게 말하는 소위 '치유자'들은 사람들에게 커다란 상처를 입힙니다. 분명히 말씀드리지만, 우리는 기적을 절대 온전히 알 수 없습니다. 어떠한 상황에서 기도가 얼마나 영향을 미칠 수 있는지, 그 밖에 다른 무엇이 영향을 미치고 있는지 우리는 알지 못합니다.

다음 장에서 다룰 이야기와도 관련이 있기에, 여기서 예수의 생애 중 가장 중요한 두 가지 기적, 즉 예수의 동정녀 탄생과 부활에 관해 한두 마디 덧붙이겠습니다. 그리스도교는 예수의 탄생이 일반적으로 인간이 태어나는 방식과 다르게 하느님이 역사하신 독립적인 사건이었다고 말합니다. 또한 예수의 죽음 이후 그 육신은 무덤에 머무르지 않고 변모된, 전혀 다른 모습으로 친구들에게 나타났다고 주장합니다. 많은 이가 이 점을 문제시하고 때로는 이것을 믿는지 믿지 않는지를 그가 정통 그리스도인인지 여부를 검증하는 잣대로 삼기도 합니다. 저는 이러한 유의 검증이 불편합니다. 단적으로 말해서, 이 이야기들의 맥락을 살피지 않고 무작정 예, 아니오를 묻는 것은 별로 의미가 없기 때문입니다. 한편 기적을 당연히 실체가 없는, 변증할 수 없는 것으로 여기는 생각에도 저는 마찬가지의 불편함을 느낍니다. 그러한 생각은 저 이야기들을 하나의 은유로 전락시킵니다. 이러한 생각을 당연시하지 않으면서, 우리가 지각할 수 있는 범위 언저리에서 이 세계가 존재하는 모든 순간에 하느님의 활동이 맹렬히 타오르고 있다는 생각을 수고롭더라도 굳건하게 붙든다면 우리는 저 이야기들에 대해 완전히 회의적인 입장을 가지지 않을 수도 있습니다. 마리아로 하여금 생명 그 자체의 문을 향해 자신의 몸을 열도록 하였던, 그녀가 지녔던 신뢰는 무엇이었을까요? 예수가 품었던 믿음과 그분이 하느님과 나눈 친밀함은 무엇이었기에 죽음이 그 문을 닫지 못하고, 그분을 버려진 과거에 가두어 둘 수 없었을까요? 이런 생각이 앞의 문제를 해결할 수는 없습니다. 그러나 우리가 결단하는 데 도움을 줄 수는 있습니다. 저 이야기들을 믿는다고 하여 꼭 마술 같은 기적을 믿어야 한다거나, '여기서는 개입하면서 저기서는 내버려 두는' 단순한 하느님에 매어 있어야 할 이유는 전혀 없습니다.

하느님이 창조하신 세계는 신비하여서 인간은 이 세계 안에서 이루어지는 하느님의 활동에 기여할 수도 있고 그 활동을 방해할 수도 있습니다. 기도하는 가운데 하느님이 원하시는 바를 따르고 식별함으로써 우리가 하느님께 공간을 내어 드릴 때 전에는 예측할 수 없었던 일들이 일어날 수 있습니다. 어떤 기적도 받아들이지 않으려는 편견은 창조주의 변함없는 존재와 활동, 언제나 우리 곁에서 맹렬히 타오르고 있는 신적인 활동에 대한 암묵적인 불안과 의심을 보여 주는 것일지 모릅니다. 이런 편견은 오래 전 하느님이 이 세계를 만드신 후 세계는 어떠한 개입도 받지 않고 꾸준히 흘러가고 있다는, 일종의 시계공 이미지를 반영하는 것일 수도 있습니다. 이것은 그리스도교 전통과 성서가 보여 주는 신앙과 일치하기 어렵습니다. 그리스도교 전통과 성서가 보여 주는 신앙에 따르면 이 세계에서 일어나고 있는 하느님의 활동은 한편으로는 눈에 보이지 않으며 헤아릴 수도 없지만, 다른 한편으로 그 활동은 어디서 무슨 일이 일어나고 있든지, 우리가 감당할 수 없을 만큼 가까이에서 일어나고 있습니다. 우리는 그 세계에서 살아가고 있습니다. 이 세계에 관해서는 신의 존재를 논증으로 증명하려 했던 윌리엄 페일리 신부보다 페컴라이에서 천사들로 가득한 나무에 대한 환상을 보았던 시인 윌리엄 블레이크가 더 적절한 안내자입니다. 이 세계는 안전하지 않을지 모르나, 그 표면 아래에서는 우리가 감당할 수 없는, 무시무시하면서도 경이로운 무언가가 함께 약동하고 있습니다.

이는 우리가 이 세계를 정말로 어떻게 살아가야 할지를 생각해 보게 합니다. 니케아 신조에서 우리는 하느님이 "하늘과 땅에 있는 모든 것, 보이는 것과 보이지 않는 모든 것"을 지으셨다고 고백합니다. 이 구절은 창조란 어쩌다 우리 손에 놓이게 된 것들 이상의, 우리가 이해할 수 있는 영역 너머에 있는 것임을 일깨웁니다. 이슬람 경전인 꾸란 16장에도 비슷한 생각이 나타납니다. 꾸란 16장은, 하느님이 우리와 우리의 안녕을 목적으로 하는 피조물을 창조하셨을 뿐 아니라 우리가 그 목적을 전혀 알지 못하는 피조물까지 창조하셨다고 말합니다. 여기에 그리스도인과 무슬림 그리고 다른 종교에서 온 사람들까지도 동의할 수 있는 명백한 무언가가 있습니다. 세계는 단순히 우리가 관리하고 우리 자신을 위해 사용할 수 있는 것이 아닙니다. 세계에는 헤아릴 수 없는 차원, 드러나지 않는 사실들, 숨은 연결고리들(또는 탄소 소비가 대기층에 미치는 영향처럼 뒤늦게 발견할 수밖에 없는 연결고리들)이 있습니다. 이 우주에 있는 모든 것은 우리와 관계 맺기 전에 이미 창조주와 관계 맺고 있습니다. 그러므로 창조 질서 안에서 우리는 무엇을 접하든지 간에 어느 정도의 경외감과 겸손함을 지니고 대해야 합니다. 중장기적으로 오늘날 인류에게 가장 커다란, 단 하나의 실질적인 위협은 생태계 위기입니다. 이 문제를 두고 종교인들은 우리가 이 세계를 하느님의 신비와 관계 맺고 있는 것으로 생각하지 않고 그저 우리의 편의를 위해 꺼내 쓸 수 있는 거대한 창고로 간주한 것과 커다란 관련이 있다고 말할 것입니다.

하느님은 우리가 볼 수 있고 감당할 수 있는 것을 만드셨을 뿐 아니라 우리가 볼 수 없고 절대로 감당할 수 없는 것도 만드셨습니다. 우주의 어떤 부분은 파악할 수 있는가 하면 어떤 부분은 파악할 수 없습니다. 이해하려고 애쓰지 말라는 이야기가 아닙니다. 단지 우리의 관점에서 이해할 수 없는 것들도 있음을 되새기려는 것입니다. 우리는 끊임없이 당황스러워할 것이며 놀라워할 것입니다. 바로 이 때문에 그리스도교의 가르침에서 천사에 관해 말하는 것이 중요하다고 저는 가끔 생각합니다. 기이하게 들릴지 모르지만, 다른 존재 질서에 속해 있으면서 하느님의 목적을 수행하는 이 신비한 존재들은 우리가 전혀 알지 못하는 이 우주의 어떤 차원들을 가리키는 강력한 상징일 수 있습니다. 우리가 알지 못하는 사이, 인간의 눈이 닿지 않는 우주 저편에서는 놀랍고 장엄한 일들이 계속 일어나고 있습니다. 오늘날 천사는 크리스마스 장식으로만 쓰이거나 근래 범람하는 감상적인 책들에서처럼 우리에게 도움이 필요할 때 나타나는 요정 정도로 축소되었습니다. 그러나 성서는 때때로 천사를 우리가 포착할 수 있는 세계를 뒤흔드는 무시무시한 존재로 그립니다. 그들은 우리가 온전히 볼 수 없는 하느님의 낯선 역사를 감당하며 하느님을 향한 이 우주의 찬미와 경배 뒤편에서 한결같이 일하고 있습니다. 그들은 거대한 "짐승", "생물"(에제 1장), "날아가는 불뱀"(이사 14장), 하느님의 전차를 이끄는 자들(시편 68편),

대양의 고래들처럼 서로 거대한 찬미의 함성을 주고받으며 예루살렘의 성전을 가득 채우는 존재들(이사 6장)입니다. 예언자 이사야와 에제키엘은 천사들을 이렇게 그립니다. 이들은 크리스마스 카드감일 수 없습니다. 때때로 이들은 인간의 형상으로 나타나 사람들에게 하느님의 메시지를 전달하는가 하면 공포의 순간 또는 진실의 순간이 다가왔음을 일러줍니다. 이때 사람들은 변장한 천사를 만났음을 알아차립니다.

오늘날 많은 그리스도인은 천사에 관해 말하기를 꺼립니다. 여러분이 천사가 실제로 있다고 믿는 편이든 아니든 최소한 이렇게는 생각해 볼 수 있습니다. 우리는 우주적인 찬미의 노래에 둘러싸여 있으며, 이를 포함해, 온 우주에는 우리의 지각과 이해가 '닿지 못하는 저편'에 있는 것들이 있습니다. '천사'는 이 모든 것을 쉽고 간단히 묘사한 것입니다. 이 모든 것을 합리적으로 설명하여 해소하려 하면 하느님이 창조하신 이 우주라는 작품이 지닌 충만함과 풍요로움을 놓치게 됩니다. 하느님이 창조하신 이 우주는 그저 여러분과 제가 나름의 의견을 주고받기 위한 무대가 아닙니다. 이 우주는 우리가 감당할 수 없을 정도로 다양하고 낯선 것들이 차고 넘치는 풍요로운 세계입니다.

많은 사람이 오늘날 천사를 진지하게 받아들이는 데 불편함을 느끼리라는 것을 저도 알고 있습니다. 그러나 천사를 생각한다는 것에는 그저 사라져 가는 아름다운 공상을 떠올리는 것 이상의 의미가 담겨 있습니다. 나와 상관없는 것은 중요하지 않다고 여기기 쉬운 이 집착과 중독의 시대에 인간인 우리 자신의 운명을 더욱 넓은 차원에서 바라보도록 하는 것은 그 어떤 것도 무의미하지 않습니다. 이제 만물을 책임지는 하느님을 믿는다는 것이 뜻하는 한 단계 더 깊은 차원으로 들어가 보겠습니다. 사도신경과 니케아 신조가 쓰일 즈음, 그 반대편에는 전능하신 하느님 아버지가 하늘과 땅을 창조하지는 않으셨을 거라는 추정에 기초한 사상들이 널리 퍼져 있었습니다. 앞에서 논의했듯 우리가 경험하는 세계는 복잡하며 여러모로 어둡고 위험해 보입니다. 세계의 어떤 부분은 추하고, 거기서 일어나고 있는 일들은 대개 무의미해 보입니다. 차라리 이 세계를 서투른 이류신이 만들었다거나 세계의 어떤 부분은 선하신 하느님이 어떤 부분은 하느님에게 적대적인 또는 악한 세력이 만들었다고 하는 편이 더 간단하지 않을까요?

여름날 말벌 떼에 시달려 본 사람이라면 왜 이런 불쾌한 생물이 있는지 의문을 품은 적이 있을 것입니다. 좀 더 진지하게 말하자면 창조에 대한 책임을 세력에 따라 나누는 것은 언뜻 악이라는 문제를 깔끔하게 해결하는 것처럼 보입니다. 이러한 해결책은 그리스도교가 성장하던 당시 세계에서 매우 매력적으로 여겨졌으며 오늘날에도 여전히 호소력을 지니고 있습니다. 이 때문에 사도신경과 니케아 신조가 이 세계 그 무엇도 우연이나 재앙의 결과가 아니라고 시작부터 분명하게 선언하는 것은 매우 의미심장합니다. 성서의 첫 번째 장에서 말하듯 하느님이 만든 것은 선합니다. 그 무엇도(그리고 어느 누구도) 본성상 악한 것은 없습니다. 물론 우리가 보듯 세계를 이루는 요소들 간에 일어나는 긴장과 충돌은 우리가 나쁘다고 할 만한 상황을 만들어 냅니다. 그러나 이는 사건들에 따르는 결과이지, 어떤 사물들 안에 있는 '바이러스'나 본성 자체가 악한 인간 탓이 아닙니다. 하느님은 인간의 경험, 자연에서 일어나는 모든 현상과 과정을 중요히 여기십니다. 본성상 하느님을 거부할 수 있는 인간은 없으며 사물 또한 마찬가지입니다. 하느님에게 중요하지 않은 사람은 없으며 중요하지 않은 사물 또한 없습니다. 그분이 책임지지 않는 것이란 없습니다.

여러분도 잘 아시겠지만, 그리스도인들은 가끔 이와는 정반대로 말하는 듯한 인상을 줍니다. 비근한 예로, 수 세기에 걸쳐 그리스도교에서는 육체와 감정을 두고 하느님이 우리 존재의 이러한 면을 꺼리신다는 주장들이 강하게 제기되어 왔습니다. 이 주장들은 우리가 하느님을 기쁘게 하기 위해서는 육체와 감정을 최대한 억제해야 한다고도 말했습니다. 그러나 우리 삶의 '받아들일 만한' 부분에만 관심을 가지는 하느님이라면 그런 하느님은 유감스럽게도 유한한 하느님일 것입니다. 이 세계는 많은 부분에서 상상을 불러일으키는 질문과 고통에 가득 찬 윤리적 질문을 만들어 냅니다. 이러한 상황에서 하느님이 이 온 우주를 책임지신다고 말하는 것은 대단히 위험하고 도전적인 일입니다. 그러나 저는 총체적인 현실에 관여하지 못하는 하느님을 모시는 것이 더 큰 문제라고 생각합니다.

보이는 것과 보이지 않는 것 모두를 만드신 창조주를 믿는다는 것은 실제로 삶을 살아가는 데 있어서나 나 자신을 돌아보는 데 있어서 깊은 의미를 지닙니다. 창조주 하느님을 향한 믿음은 우리 삶의 어떠한 부분을 감추거나 카펫 아래에 숨겨야 한다고 말하지 않으며 그 모든 것이 고스란히 화합하는 삶을 이룰 가능성이 있다고 말합니다. "보이는 것과 보이지 않는 것"이란 우리 한 사람 한 사람의 삶에 주어진 무언가를 뜻합니다. 한 사람의 삶을 볼 때에도 자신이 의식하고 있는 것들이 있는가 하면 의식하지 못하고 있는 것들도 있습니다. 내가 의식하고 싶지 않은, 스스로에게 부끄럽고 두려운 부분도 있습니다. 그러나 '나'를 이루는 그 모든 것은 하느님이 만드신 것에서 나왔습니다. 그 중에는 잘된 것도 있고 잘되지 못한 것도 있습니다. 하느님이 우리에게 주신 것 중에는 내가 잘 배워서 사용하는 것도 있지만 망쳐 버린 것도 있으며 아직 사용하는 법을 배우지 못한 것도 있습니다. 하느님이 우리의 전부를 만드셨다고, 우리의 모든 것에 관심을 기울이신다고 말하는 것은 우리가 무엇을 선택하든지 좋다고 말씀하신다는 것과 반드시 같지 않습니다. 저 말은 다만 우리 자신을 이루는 모든 면을 하느님의 빛 앞에 내어 놓아야 함을 뜻합니다. 하느님이 그 전부를 감당하실 수 있기 때문입니다. 이는 그리스도인이 정치나 경제, 문화와 스포츠에 관심을 가지고 이러한 부분들에 질문하고 기여한다고 해서 놀라지 말아야 한다는 것을 뜻하기도 합니다. 하느님이 진정 '이 세계'의 창조주시라면 그리스도인이 언급해서는 안 될 영역이란 근본적으로 없습니다.

우리가 오래도록 씨름하는 우리 자신의 혼란스럽고 두렵고 불완전한 모습들을 하느님은 고스란히 온전하게 만드실 수 있습니다. 그분은 당신의 은총으로 우리를 부드럽게 이끄시어 우리가 받아들이지 못한 것들을 마주하게 하시고, 그것들을 의미 있게 만드는 법을 배우게 하십니다. 그분은 우리의 흩어진 조각들을 거두어 모으십니다. 설령 우리가 우리 자신을 위해 그분이 주신 것을 망쳐 놓을지라도, 하느님은 우리가 만든 것들을 지긋지긋해하시지도, 역겨워하시지도, 조급해하시지도 않습니다. 그렇기에, 첫 장에서 언급했듯 창조주 하느님과 용서의 하느님은 전적으로 같은 분입니다.

사도신경과 니케아 신조 첫 문장은 단지 우주의 시작을 말하는 게 아닙니다. 이 신조들의 첫 문장은 우주의 현재 상태, 여러분과 저 그리고 우리 사회의 현재 상태를 말하고 있습니다. 또한 이 문장은 하느님 안에서의 확신, 우리를 우리 자신과 하나를 이루게 하시고 이 세계와 하나를 이루게 하시는, 우리를 치유하시고 우리 안의 어둠을 거두시어 빛으로 나아가게 하시는 하느님을 향한 신뢰를 표현하고 있습니다. 하느님은 우리의 정신과 우리의 육체를 사용하시어 하나의 의미 있는 삶을 이끌어 내실 수 있습니다. 나중에 살펴보겠지만, 부활에 대한 믿음은 우리 자신이 어떤 희미한 일부 조각이 아닌 오롯한 인간으로서 도달한 모습, 우리의 온전한 육체와 영혼을 하느님이 모두 당신의 영원한 생명 안으로 받아들이기 원하신다는 것을 말합니다. 전능하신 하느님 아버지, 하늘과 땅과 보이는 것과 보이지 않는 모든 것을 창조하신 분을 신뢰한다고 고백할 때 우리는 깨어진 우리의 삶, 불화하고 불완전한 우리의 삶이 다양하고 위태로운 이 세계가 화합을 이루듯이 하나로 고스란히 화합하게 되리라고 희망할 수 있는 근거가 있음을 확언합니다. 그렇게 말함으로써 우리는 하느님 당신의 늘 변함없는 사랑과 아름다움의 역사가 이 우주 안에 드러날 것을 확신합니다. 창조된 현실 세계라는 복잡한 체계 안에 놓인 우리의 삶은 만물을 빚어내는 자비롭고도 값없이 주어지는 사랑, 당신의 형상대로 우리를 만드신 창조주의 사랑을 어렴풋이 드러낼 것입니다. 이를 희망할 수 있는 근거가 우리에게 있습니다.

3.
온 세상과 시대를 짊어진 인간

• 하느님의 외아들, 우리 주 예수 그리스도 •

첫 장에서 우리는 그리스도인이 왜 신뢰할 수 있는 하느님을 말하는
지를 잠시 살펴보았습니다. 하느님이 당신의 목적을 분명히 드러내셨
습니다. 2,000년 전 나자렛 예수를 가장 가까이에서 지켜보았던 이들
은 그의 삶이야말로 하느님이 어떤 분이신지 무엇을 원하시는지를 드
러내는 열쇠라고 보았습니다. 예수로 말미암아 우리는 우리의 생명을
지탱하기 위해 극진히 애쓰시는 하느님, 우리의 영원한 기쁨인 하느님
을 알 수 있습니다. 예수의 처형이 일어난 지 수십 년이 채 안 되어 사
람들은 "하느님께서 당신의 완전한 본질을 그리스도에게 기꺼이 주셨
다"(골로 1:19)고 고백할 수 있었습니다. 여기에 한 인간의 삶이 있습니
다. 하느님의 목적으로 충만하고 하느님의 행위를 여실히 보여 주는

그 삶을 두고, 사람들은 하느님의 생명이 다른 매개로 '옮겨 왔다'고 말했습니다. 이 삶을 통하여 하느님은 절대적이고 유래 없는 사건을 펼치십니다.

도대체 어떻게 이런 주장이 나올 수 있었을까요? 예수가 활동하던 당시 유대 세계가 이러한 주장이 나올 수 있게 움직여 왔다면 그럴 법도 하지만 그러지 않았습니다. 물론 당시 사람들에게 회개를 외치던, 기름부음을 받은 거룩한 전령으로 여겨진 사람, 자기 스스로 기름부음을 받은 거룩한 전령이라 주장한 사람은 많았습니다. 그러나 어느 누구도 이러한 유의 표현을 이끌어 내지는 못했습니다. 예수가 늘 사람들과 적당한 거리를 두어서 그의 실제 역사가 잊힐 때 즈음 그에 관한 기억을 중심으로 이상한 환상들을 지어내는 일이 가능했던 것도 아닙니다. 신약성서를 이루는 가장 오래된 문서들에서 나타나는 매우 과감한 주장들은 나자렛 예수를 아주 가까이서 보았던 이들, 예수와 함께 아주 가까운 삶을 살았던 이들의 증언이었습니다.

앞선 질문에 답하기 위해서는 사도신경과 니케아 신조가 구체적으로 언급하지 않은 영역, 네 개의 복음서가 전하는 예수의 생애와 그가 실제로 한 활동을 먼저 들여다 보아야 합니다. 네 개의 복음서에서 예수는 하느님의 통치가 임박했으며 그분의 나라가 인간 세계를 꿰뚫고 들어온다고 강조한 것으로 기억됩니다. 또한 그는 하느님이 왕이시라는 것, 다른 누구도 아닌 그분의 통치 아래 살아가는 것이 무엇인지를 배우게 될 것이라고도 말했습니다. 하느님이 왕이신 공동체, 하느님이 다스리시는 세계에서 살아가는 것은 아주 간단하다고 그는 말했습니다. 그의 제안은 대담했습니다. 그는 자신의 말과 제안에 "예"라고 말할 때 그 세계에서 살 것이라고 말했습니다. 하느님의 통치 아래 살아간다는 것은 예수와 동행하며 살아가기로 결단하는 것, 예수가 하느님에 관해 그리고 우리 자신에 관해 말하는 것을 신뢰하는 것을 뜻했습니다.

'이를 신뢰하라. 나와 함께 가자. 그러면 너는 하느님이 통치하시는 새로운 세계의 시민이 될 것이다. 여전히 여러 다른 권력들이 통치권을 주장하는 일상 세계에서 살아가겠지만, 동시에 이들에게서 자유케 될 것이다. 그들이 네가 하느님의 통치를 받도록 허용하는지에 따라 너는 자유로이 그들과 함께 일할 수도, 그러지 않을 수도 있을 것이다. 네가 하는 일, 네가 말하는 것들은 장차 무엇이 도래할지를 가리키는 징조가 될 것이다. 너의 삶을 통해 사람들은 하느님의 통치를 미리 맛볼 것이며 가능한 많은 이가 하느님의 통치 아래 모이도록 초대받을 것이다. 또한, 하느님을 거스르며 사람들을 노예로 가두어 두고자 하는 (자연적일 뿐만 아니라 초자연적인) 세력들에 저항하도록 그들을 이끌 것이다.'

'산상수훈'으로 알려진 마태오의 복음서 5장에 나오는 유명한 구절 ("마음이 가난한 사람은 행복하다…")은 우리가 따라야 할 규율을 담은 목록이 아닙니다. 산상수훈은 어떤 종류의 삶이 하느님이 다스리심을 보여 주는 삶인지를 말해 줄 뿐입니다. 이는 하느님의 선하심에 의존하는 삶, 용서하고 평화와 정의를 갈망하고 추구하며 핍박 아래에서 인내하는 삶으로 나타납니다. 이렇게 살아가는 사람은 이미 새로운 세계에 속해 있으며 하느님 나라는 그들의 것입니다. 분명히 할 것은, 이 메시지는 매우 사회적이면서 정치적이지만, 절대 사회적이거나 정치적인 개혁에만 국한되지 않는다는 점입니다. 산상수훈이 그리는 변화된 삶은 오늘날 이 세계를 구성하는 모든 것에 도전합니다. 문제는 이러한 삶이 오직 예수가 건네는 말과 제안에 우리 한 사람 한 사람이 스스로 "예"라고 말할 때에만 시작될 수 있다는 것입니다.

예수가 살았던 당시 역사 세계를 염두에 둔다면 그의 말은 사람들의 현실과 직접적으로 이어져 있었습니다. 예수가 활동했을 당시 유대인들은 하느님의 통치가 완전히 들어서고 거대한 변화가 일어났을 때 누가 진정한 하느님의 백성이 될 것인가에 지대한 관심을 갖고 있었습니다. 이에 서로 다른 유대인 집단들은 저마다의 답을 내놓았습니다. 어떤 집단은 사제 계급의 요구에 복종하고 희생 제사법을 잘 지키면 진정한 하느님의 백성이 될 것이라고 말했습니다. 어떤 집단은 구전으로 전해지는 율법을 철저하게 지켜야 하느님의 백성이 될 수 있다고 말했습니다. 또 다른 집단은 사막에 들어가 공동체를 이루어 엄격한 의식을 지키고 정결한 삶을 살아야 진정한 하느님의 백성이 될 수 있다고 말했습니다. 예수의 말은 이러한 주장들과, 각 집단이 당연시 여기던 제의적, 법적 조건들을 정면으로 거스르며 전혀 다른 길을 갑니다. 그는 하느님의 백성이 된다는 것이 무엇을 의미하는지를 다시 규정해야 한다고 제안했습니다. 이는 혁명적인 주장이었습니다.

이 주장이 얼마나 혁명적인지를 감지할 수 있으려면 유대교 경전에서 이스라엘 백성은 오직 하느님이 그들을 부르시고 초대하셨기에 존재한다고 반복해서 강조한다는 사실을 기억해야만 합니다. 성서의 다섯 번째 책이자 가장 중요한 이스라엘 율법 모음집인 신명기를 보면 이스라엘이 하나의 공동체를 이룰 수 있는 것은 그저 하느님이 허락하셨기에, 그분이 약속하시고 초대하셨기에 가능하다는 생각을 강조합니다. 그런데 지금 여기서 한 인간, 선생 나자렛 예수가 "내 약속과 초대를 받아들이면 너는 하느님의 백성이 될 것이다"라고 확언합니다. 하느님께 속하는 것, 새로운 세계의 시민이 되는 것은 곧 예수에게 헌신하는 것, 그를 신뢰하는 것, 그가 하는 일에서 이스라엘의 하느님이신 그분이 펼쳐 내시는 활동을 보는 것, 이 세계에서 특별히 그분께 부름받은 공동체를 새롭게 빚어내고 정초하는 것을 뜻합니다. 예수가 일하는 곳, 예수가 치유하고 용서하며 당시 이스라엘 기준으로는 도저히 환영받지 못하는 이들, 제사법을 절대 지킬 수도 없고 도덕법을 준수하는 것에도 실패한, 치유가 필요한 이들을 환영하는 바로 그곳에 예수가 말한 '하느님의 손'이 움직이고 있습니다.

여기서 더 나아가, 예수와 우정을 나누며 함께 가는 것은 하느님과 새로운 관계로 들어서며 성숙해 가는 것을 뜻합니다. 예수를 따르는 이들이 기도를 가르쳐 달라고 하자, 그는 "우리 아버지"로 시작하라고 답합니다. 예수의 친구들은 예수와 더불어 하느님과의 내밀한 관계, 그 어떤 관계보다도 친밀한 가족과도 같은 관계를 나눕니다. 예수가 서 있는 곳에 함께 설 때 우리는 예수가 말하는 것을 말할 수 있습니다. 하느님을 아버지라고 부르며 다가갈 수 있습니다. 복잡한 이런 저런 종교적, 제의적 조건들을 거치지 않아도 됩니다. 예수와 함께 있는 것은 마치 청명한 하늘 바로 아래 서 있는 것과 같습니다. 우리와 만물의 창조주 사이에는 그 어떤 매개물도 없습니다. 후에 사도 바울은 이를 예수 '안에' 있다고 표현했습니다. 예수는 우리 모두가 설 자리를 마련해 주었습니다. 예수는 우리와 하느님 사이에 자신을 밀어 넣는 방식이 아니라 우리를 자신의 삶과 경험으로 인도함으로써 전혀 새로운 것을 가능하게 만들었습니다. 이제 우리는 그저 하느님의 새로운 통치를 받으며 살아가는 시민이 아닙니다. 우리는 하느님과 가장 가까운 가족이 되었습니다.

이러한 사실을 생각하며 복음서를 읽는다면 당대 예수가 던진 어떤 말도, 그가 행한 어떤 것도 왜 밋밋하거나 뻔하게 여겨지지 않았는지를 알 수 있습니다. 윌리엄 템플 대주교는 어떤 유의 현대신학이 예수가 하느님 아버지의 사랑과 인류애, 말하자면 어떤 보편적이고 자명한 가치들을 가르치기 위해 예루살렘에 갔으나 불운하게도 불의에 의해 납득하기 어려운 죽음을 맞이했다는 식의 인상을 준다고 평한 적이 있습니다. 과연 그 당시 소수의 세력만이 예수가 전하는 사랑과 화해의 메시지에 동의하지 않았을까요? 답은 "아니다"입니다. 그 당시에도 오늘날에도 아주 많은 사람이 예수에게 동의하지 않습니다. 예수가 일할 당시 일촉즉발의 정치적 종교적 분위기를 생각해 볼 때 새로운 백성 또는 나라를 만들기 위해, 하느님의 새로운 통치를 세우기 위해, 하느님과의 관계에 대해 사람들이 생각하는 방식을 바꾸기 위해 누군가 하느님을 대신하여 말한다는 주장은 자명하고 보편적인 가치들과는 상당한 거리가 있습니다. 그리고 결과적으로, 사람들이 예수가 누구인지를 말하고자 했을 때 그들은 위대한 스승에 대한 존경 어린 찬사를 훨씬 넘어서는 말로 그를 표현했습니다.

앞서 살펴보았듯, 예수를 따르는 이들이 예수에 관해 과감한 표현들을 사용하는 데는 그리 오랜 시간이 걸리지 않았습니다. 신약성서나 어떤 단계의 초기 그리스도교 신앙을 살필 때 예수를 그저 한 사람의 교사, 또는 예언자로 생각했다는 대목은 거의 등장하지 않습니다. 예수에 관한 증언의 강조점은 그가 어떻게 생각했느냐에 있지 않고 그가 무엇을 했느냐에 맞춰져 있기 때문입니다. 예수는 그의 활동과 사람들을 향한 초대를 통해 특별한 방식으로 기도하는 새로운 공동체를 빚어 냄으로써 인간 세계의 모습에 중대한 변화를 가져왔습니다. 그의 활동을 보며 "흥미롭군"이라고 말한 사람은 거의 없었습니다. 대신 사람들은 "우리가 마주한 이 사람은 도대체 누구인가?"라고 질문하거나 "무슨 권한으로 그가 이런 일들을 행하는가?"라고 물었습니다. 당시 유대 세계에서는 마지막 날 어떤 방식으로든 지상에 나타나리라 기대되는, 하느님의 영광을 나누어 가지며 마치 천사와 같은 능력을 가진 이에 대한 추측이 팽배했습니다. 이러한 추측에 속한 표현과 이미지들은 곧장 예수를 향했습니다. 이는 요한의 묵시록과 바울 서신뿐만 아니라 히브리인들에게 보낸 편지에서도 나타납니다. 그러나 이러한 표현과 이미지조차 예수를 말하는 데 충분치 않았습니다. 신약성서를 펼치면 저자들이 천사와 같은 능력을 지닌 자라는 말을 넘어서는, 그 이상의 표현을 찾으려 끊임없이 노력하는 모습을 볼 수 있습니다. 예수의 삶에 인간을 넘어서는 어떤 힘이 역사하고 있다면 그것은 하느님의 능력에 힘입은 천사와 같은 강한 권력자나 지도자의 힘이 아닙니다. 예수의 삶이 지닌 힘은 이를 넘어서, 마치 그와 하느님 사이에 어떠한 격차도 없는 것처럼 하느님만이 할 수 있는 약속을 서슴없이 자신의 입으로 말할 수 있는 힘입니다.

신약성서는 여러 문제와 명백한 모순을 감수하면서도 우주의 창조주가 어떠한 간섭도 받지 않은 채 예수의 삶과 활동에 역사하고 계신다는 아주 특별한 개념, 즉 예수가 하는 일을 하고 계신 분은 바로 하느님이라는 개념으로 서투르게나마 천천히 나아갑니다. 오래된 찬양시는 히브리인들에게 보낸 편지 첫 번째 장에 나오는 표현을 빌려 노래합니다.

높은 곳에 속하는 천사도, 낮은 곳에 속하는 천사도

하느님께서는 어떤 천사도 우리에게 보내지 않으셨다네.

히브리인들에게 보낸 편지 첫 번째 장은 천사와 같은 능력을 지닌 사람에 관해 말하는 것과 예수에 관해 말하는 것 사이에 분명한 선을 긋고 있습니다.

기도는 종종 관념에 앞섭니다. 신약성서 저자들의 정신에서 점차 저둘이 분명하게 구분되는 모습을 볼 수 있는데, 그에 앞서 그들의 가슴과 마음에 무언가가 일어나고 있었습니다. 사도행전의 도입부, 즉 그리스도교 공동체가 생긴 지 5년 동안의 시간을 다룬 기록에서 성 루가는 그리스도교 첫 번째 순교자인 스테파노의 극적인 재판과 처형을 언급합니다. 죽어가는 스테파노는 어떠한 망설임도 없이 예수에게 기도합니다.

주 예수님, 제 영혼을 받아 주십시오.(사도 7:59)

복음서에서 제자들이 "도대체 이분이 누구인데 바람과 바다까지 복종할까?"라고 수군거렸던 것처럼, 예수의 적들이 "저 사람이 누구인데 죄까지 용서해 준다고 하는가?"라고 물었던 것처럼, 우리도 지금 이 자리에서 물음을 던질 수 있습니다. "예수가 누구인데 저 사람은 자신의 영혼을 받아 달라고 하는가?" 루가의 복음서에 따르면 예수는 죽어갈 때 자신의 영혼을 아버지께 맡깁니다. 그리고 스테파노는 예수에게 자신의 영혼을 맡기고 있습니다. 이제 그리스도인들은 예수를 완전히 하느님과 함께 있고 하느님과 연합하고 있으며 하느님이 하시는 일을 할 수 있는 이로 대합니다. 좀 더 정확하게, 그들은 예수를 하느님으로 대합니다. 성서의 마지막 책인 요한의 묵시록을 보면 일련의 환상들은 부활한 예수가 모습을 드러내면서 시작되며 환상을 보는 예언자는 그를 경배합니다. 묵시록 후반부에서 이 예언자는 천사 앞에 엎드려 경배하려다가 호되게 지적을 당합니다.

이 모든 고백이, 비록 관념이 그것을 따라잡는 데는 시간이 걸렸지만 빠른 속도로 기도에 녹아들어 형상화되었다는 사실은 주목할 만합니다. 이 모든 것이 일어나는 데는 아무리 길게 잡아도 우리가 제2차 세계대전에서 벗어나는 데 걸렸던 기간도 채 걸리지 않았습니다. 30년이 채 안 되는 시간 동안 이러한 일들이 일어났다는 많은 증거가 있습니다. 유대교 바깥에 있는 그리스 사상이 기존의 예수 이야기, 즉 비극적인 죽음을 맞이한 위대한 교사로서의 예수상에 덧붙여졌기 때문에 예수를 신적인 존재로 대했다는 생각은 조금도 타당하지 않습니다. 예수 사건에서 나타났던 인간의 정신을 최고로 고양시키는 차원은 처음부터 예수 안에 있었습니다. 예수의 친구들이 지녔던 예수에 관한 신념은 그들을 거침없이 외국 땅으로 이끌었고 자신들이 접한 소식을 외국어로 나누게 했습니다. 그리고 이로써 예수에게서 일어난 사건들이 지닌 초월적 차원은 더욱 강화되었습니다. 외국 땅으로 나아간 예수의 친구들은 자신들이 전할 예수에 관한 이야기가 어디를 가든, 누구를 만나든 똑같이 중요하다고 확신했습니다. 이 이야기를 이해하기 위해서는 꼭 팔레스타인 유대인이어야 할 필요도, 그리스어나 아람어를 할 줄 알아야 할 이유도 없었습니다.

이는 놀라울 뿐만 아니라 꼭 짚고 가야 할 지점입니다. 고대 세계에는 '선교'라고 부를 만한 활동이 거의 없었다는 사실을 우리는 쉽게 간과합니다. 당시 종교 행위는 대개 특정한 지역에서, 특정 민족 안에서 이루어졌습니다. 몇몇 종교가 그것이 속한 지역을 떠나 외부에서 어느 정도 성공을 이룬 적이 있지만, 그러한 경우에도 '이 이야기'가 모든 사람을 위한 것이 될 수 있다고 단언하며 거침없이 이곳저곳을 누비는 사람은 없었습니다. 우리는 예수와 관련 있는 공동체가 어떻게 지중해 세계를 이루는 그리스 도시들로, 그리고 로마와 그 너머까지 퍼져 들어갔는지를 알고 있습니다. 그만큼 잘 알지는 못하더라도 그 당시 선교사들이 어떻게 페르시아와 인도까지 나아갔는지에 관해서도 어느 정도는 알고 있습니다. 예수에 관한 이야기를 전하는 것이 언제 어느 곳에서나 어렵지만, 생명을 걸 만한 일임을 그들은 완전히 확신했습니다. 그들은 예수를 어떤 인간의 상황도 완전히 변화시킬 수 있는 존재, 모든 문화와 지역, 언어와 시대를 넘어서는 '온 세상과 시대를 짊어진 인간'으로 보았습니다. 이렇게 놓고 보면 이 말이 어떤 상황도 변화시킬 수 있는 하느님의 전능성을 가리키는 말과 조응하며 어떠한 울림을 내는지 알 수 있습니다.

예수는 하느님의 목적과 활동을 우리에게 보여 주고 이를 이 세계에서 실현하는 존재로 드러납니다. 그는 평화와 찬미가 우리의 숙명임을, 하느님과 다른 존재들과의 화해가 우리의 궁극적 목적임을 밝힙니다. 그는 이 모든 것을 드러낼 뿐만 아니라 가능하게 만듭니다. 그는 하느님이 믿을 수 있고 신뢰할 수 있는 분임을 증명하는 으뜸가는 존재입니다. 고린토인들에게 보내는 둘째 편지에서 사도 바울은 하느님의 모든 약속이 그리스도 안에서 "예!"가 된다고 말합니다(2고린 1:20). 예수는 하느님의 약속을 신뢰할 수 있음을 확증합니다.

여기서 끝난 게 아닙니다. 물론 예수는 하느님의 활동이 아무런 간섭과 제약 없이 그 안에서 역사하고 있는 한 인간입니다. 그러나 동시에, 복음서에서 우리는 기도하는 한 인간, 자신의 뜻과 결정을 아버지의 뜻과 결정에 맡기겠다고 말하는 인간 예수를 만납니다. 예수는 자신이 아버지라고 부르며 기도하는 그분께 의지하는 관계 안에 있는 인간입니다. 예수 안에는 신적인 목적과 권능, 활동이 있는 동시에 겸손함, 응답, 받아들임이 있습니다. 예수 안에 있는, 예수가 하는 모든 일과 말에 있는 하느님의 현존은 우리가 이해하듯이 그저 예수가 보여 준 능력이 아니라 그가 보여 준 겸손함과 응답을 통해 드러났습니다. 여기서 비로소 더욱 깊은 진리가 그 모습을 드러냅니다. 우리는 '하느님'을 권력이나 주도권만으로는 이해할 수 없습니다. '하느님'은 사랑과 감사 안에서의 받아들임과 이를 되돌려 주는 것까지를 포함합니다. 거칠게 말해, 예수가 그저 강하고 모든 것을 좌지우지할 수 있기만 하다면 그는 하느님이 아닙니다. 그가 하느님 아버지에게 사랑을 담아 말할 때, 아버지를 향한 사랑 안에서 그의 인간 본성이 지닌 두려움과 갈망을 내려놓을 때 예수는 하느님입니다. 예수의 삶을 하나의 전체로 받아들인다면 우리는 하느님의 사랑을 주는 동시에 받는, 흘러넘치는 동시에 되돌리는, 주도하는 동시에 의존하는 것으로 생각할 수 있습니다. 그리스도교 형성 초기부터 이미 신약성서 저자들은 이러한 하느님 개념 즉 천상에 있는 유아독존의 삶이 아니라 관계 맺는 삶, 내적인 소통과 움직임, 그리고 다름을 포함하는 하느님 개념을 놓고 씨름했습니다.

이 세계를 향해 있는 예수는 세계에서 활동하시는 하느님의 지혜이자 권능입니다. 그러나 아버지를 향해 있는 예수는 이 지상에서 구체적인 삶으로 현실화된, 신적인 사랑에 대한 신적인 응답입니다. 하느님의 생명은 단지 우리를 향해 흘러넘치는 선물만이 아닙니다. 하느님은 당신의 생명 안에 우리에게서 나오는, 자기애를 내려놓은 감사의 응답이 당신을 향하도록 영원히 정해 놓으셨습니다. 예수는 우리의 세계와 우리의 본성 안에서 현실화된 신적인 응답입니다. 예수는 자유롭게 그리고 온전히 아버지가 주신 선물에 응답합니다. 이 응답은 하느님이 주신 선물과 똑같이 거룩하며 그보다 못하지 않습니다. 온전한 응답은 인간적이면서 동시에 인간적인 것을 뛰어넘습니다.

그리스도인들이 이를 완전히 무너뜨리지 않으면서도 말로 표현할 수 있기까지는 3세기 하고도 50년이 걸렸습니다. 그런데도 그들은 어떤 최종 이론이 아니라 자신들의 고백을 담은 기도문을 만들어 낼 수밖에 없었습니다. 물론 예수의 십자가 처형 후 60년 내지 70년이 지난 시점에 쓰인 요한의 복음서는 이미 그 비범한 첫 번째 장을 통해 이 내용의 윤곽을 잘 서술하고 있습니다. 요한은 말하기를 한처음부터 하느님의 생동하는 에너지가 그분에게서, 그분의 정신과 목적에서, 그분의 로고스에서 흘러나오고 있다고 합니다. 여기서 '말씀'이라는 번역어는 로고스를 부분적으로 드러낼 뿐입니다. 그분의 에너지 안에서 세계가 생겨났습니다. 이 생동하고 소통하는 에너지는 그리스어로는 프로스 톤 테온πρός τòν θεόν, 직역하면 '하느님을 향하는', 그 자체로 하느님과의 '관계 안에 있는' 생명의 형상입니다. 하느님의 정신과 목적은 한 신적 존재의 형상을 통해 결정적이고 구체적으로 명료해집니다. 이 신적 존재는 하느님이 부어 주신 것을 사랑과 신앙으로 하느님께 되돌려 드립니다. 이 존재를 이 존재이게끔 하는 것이 하느님을 하느님이게끔 하는 것입니다. 여기서 신적 존재는 새로운 방식으로, 주는 것이 아니라 응답하는 방식으로 존재하는, 하느님에게 속한 사랑의 에너지입니다. 사도 바울은 이를 조금 더 풀어서 표현합니다. 바울은 두 가지 상, 하느님의 권능이자 지혜로서의 그리스도 상과 시공간 안에서 자신을 드러내는 영원한 사랑의 역사를 통하여 아버지가 만드신 모든 것을 거두어들여 아버지가 계신 집으로 데려오는 존재로서의 그리스도 상을 함께 그립니다. 고린토인들에게 보낸 첫째 편지 1장과 15장을 비교하면 이것이 잘 드러납니다. 예수 그리스도, 하느님에게 속한 백성의 기름부음을 받은 왕은 이 세계를 향해 내려오시는 하느님의 생명과 하느님과 더불어 화해의 여정으로 오르려는 이 세계, 이 이중적인 운동의 핵심에 있습니다.

그러니 성서의 저자들이 예수를 다른 이들 사이에서 천상의 권능을 지닌 존재 이상으로 규정하지 않으려 한 시도에 대해 만족하지 못했다는 점은 그리 놀랄 일이 아닙니다. 히브리인들에게 보낸 편지의 저자는 다소 냉소적인 어조로 묻습니다.

하느님이 어느 천사에게 예수에게 말하듯이
'너는 내 아들이다'라고 말씀하신 적이 있습니까? (히브 1:5)

예수는 하느님의 절대적이고 영원한 사랑과 활동을 진정 몸으로 구현한 이입니다. 바로 내어 줌과 받음, 주도함과 의존함을 동시에 수반하는 저 신적인 삶, 이것이야말로 그리스도교 신앙을 다른 여러 가까운 유사 종교들에서 결정적으로 분리하며 그리스도교 신앙에서 가장 혁명적인 것이면서, 가장 사람들의 예상을 거스르는 것입니다. 이러한 신적인 삶은 다른 여러 존재 가운데서도 주는 존재이면서 동시에 받는 존재, 주도하는 존재이면서 동시에 의존하는 존재, 관계 속에서 살아가는 존재인 우리 인간이 우리를 우리이게끔 만드는 그 모든 면을 통해 하느님의 생명을 비출 수 있음을 뜻합니다. 우리가 누군가에게 감사를 표하거나 누군가에게 의존하고 있음을 깨닫는다고 해서, 우리가 스스로 결정하거나 누군가에게 하느님의 사랑을 드러낼 때보다 하느님의 형상인 측면이 부족하다거나 모자라게 되지 않습니다. 홀로 충분히 만족하는 것을 이상으로 열망하는 이 세계에서 이 메시지를 받아들이기란 쉽지 않습니다. 또한 이것은 하느님은 결코 사랑의 관계를 '시작'하지 않으신다는 놀랍고도 어려운 통찰을 알려줍니다. 하느님이 세계를 만드실 때 사랑을 '시작'하신 것이 아닙니다. 사랑은 하느님이 하느님으로서 영원히 지니신 면모입니다.

이를 오늘날의 맥락에서 생각해 봅시다. 여기 한 인간, 외국 군대의 지배를 받고 있는 어느 후미진 구석 마을 출신의 숙련된 기술공의 이야기가 있습니다. 그는 이라크 동남부 지역에 있는 바스라 인근 출신의 자동차 수리공입니다. 그는 먼지 자욱하고 지저분한 마을 거리와 변두리 도로를 걸어 다녔습니다. 배고픔과 갈증을 느꼈고 다른 사람들처럼 잠을 자고 일어나기를 반복했습니다. 그는 먹고 마셨으며 평범한 감정들을 느꼈고, 죽었습니다. 이제 우리는 이 남자의 이야기를 하느님이 우리 가운데서 활동하신 이야기로 읽을 것을 요구받습니다. 그의 삶이 인간이 도달할 수 있는 영역을 바꿔 놓았으며 하느님이 무엇을 하시는지, 하느님이 무엇을 원하시는지, 그리고 하느님이 누구신지를 단 한 번, 완전히 보여 주었기 때문입니다. 4세기 그리스도교의 산물인 니케아 신조를 통해 그리스도인들은 깊이 숨을 들이마시고 이 이야기를 다음과 같이 개괄했습니다.

(우리는) 한 분이신 주 예수 그리스도를 믿습니다.

그분은 모든 시간 이전에 성부에게서 나신, 하느님의 독생자이십니다.

그분은 하느님에게서 나신 참하느님이시요,

빛에서 나신 빛이시요,

참하느님에게서 나신 참하느님이시며,

성부와 같은 분으로, 낳음과 지음받은 분이 아닙니다.

오히려 그분을 통해서 만물이 지음받았습니다.

예수 안에서 생동하고 활동하는 것은 이 세계의 존재와는 멀리 떨어져 있는 조건 없는 사랑으로 생성된, 신적인 생명의 유일무이한 '산물'입니다. 이 유일한 실재와 아버지 하느님과의 관계를 자식과 부모의 관계로만 볼 수 있는 것은 아닙니다. 이 관계는 불꽃과 그 불꽃을 점화한 다른 불꽃으로도 묘사할 수 있습니다. 하나의 촛불로 다른 촛불을 켤 때 두 번째 촛불은 첫 번째 촛불보다 전혀 부족하거나 못하지 않습니다. 그 촛불은 첫 번째 촛불만큼이나 밝고 뜨거운 불꽃을 지닙니다. 초기 그리스도인은 성부와 성자의 관계를 설명하는 데 있어 이 이미지를 선호했고 여전히 그것은 이 관계에 관한 매우 좋은 은유입니다. 성부 하느님, 만물의 근원이신 분은 그분을 이루는 모든 것, 그분이 가지고 있는 모든 것을 당신에게서 흘러나온 '산물'의 핵심, 당신에게서 '나신' 실재, 바로 성자에게 주십니다. 아들, 성자 예수는 어떤 조건도 부족함도 없이 하느님의 본성에 자리한 살아 있는 불꽃을 나누어 가집니다. 그는 빛에서 나신 빛입니다. 그는 성부와 '한 본체', 성부와 같은 분입니다. 그의 속성과 본질은 성부의 그것과 똑같이 규정됩니다. 이 세계는 전적으로 이 영원한 관계 때문에 존재합니다. 우주가 존재하든 존재하지 않든 하느님은 언제나 관계를 맺으시고 베푸시는 하느님이기 때문입니다.

이 사실은 하느님을 신뢰할 수 있는 이유의 핵심에 우리를 가까이 다가서도록 이끕니다. 예수 안에서 하느님은 영원히 변치 않는 당신 자신을 아주 분명하게 드러내셨습니다. 하느님은 30년 남짓한 시간 동안만, 또는 3,000년 동안만 잠시 예수처럼 되기로 결정하신 게 아닙니다. 하느님은 하느님이실 뿐 그 외 다른 것이 되실 수 없습니다. 지난 세기를 살았던 위대한 두 성공회 사상가인 마이클 램지와 존 V. 테일러는 이런 문구를 남겼습니다.

하느님은 그리스도와 같은 분이며 하느님 안에 그리스도와 같지 않은 것은 전혀 없다.*

---

*   예를 들어 다음의 책을 보십시오. John V. Taylor, *The Christlike God*, London, SCM Press, 1992.

예수를 통해 나타난 것이 곧 하느님 자신을 나타냅니다. 하느님은 자기애 없이 흘러넘치는 사랑을 베푸시며 그 사랑을 되돌려 주십니다. 우리가 신비를 '정의'할 수 있다면 이것이 하느님에 대한 정의의 핵심입니다. 니케아 신조에 나오는 "성부와 한 본체" 또는 "성부와 같은 분"이라는 표현은 다소 딱딱한 전문용어처럼 들립니다. 어디서는 더 심하게 "동일 본질"이라고까지 말합니다. 이 표현은 어느 오래된 찬가의 마지막 절에서도 찾을 수 있습니다.

끝이 없는 세기의 흐름 가운데
동일 본질이시고, 함께 영원하시다.

그러나 이 단어는 우리가 쓰는 어휘들 가운데서도 가장 생동감 넘치는 표현이어야 마땅합니다. 이 표현은 후미진 구석 마을 출신의 노동자였던 나자렛 예수라는 한 사람과 그의 활동에서 일어났던 일들이 어떤 부족함과 모자람도 없이 하느님의 본질과 나란히 있음을 말해 줍니다. 새로운 잉글랜드 성공회 성가책에서 '동일 본질'이라는 말을 이해할 수 없는 이들을 위해 다른 표현으로 대체했다는 사실이 유감스럽습니다. 새로운 판의 성가는 그 의미를 약화시키니 여기서 굳이 따라야 할 이유는 없을 것입니다.

하느님이 이런 분이시기에 세계는 존재합니다. 하느님께는 사랑을 부어 주시고 생명을 나눠 주시는 습성이 있다고 말해도 좋을 것입니다. 어떤 외부의 힘이 하느님을 꼭 그렇게 강제해서가 아닙니다. 당신의 사랑을 더 나눌 수 있는 우주를 창조하는 것이야말로 '그 속성상' 하느님답습니다. 한 고대 신학자는 말하기를, 하느님은 본질적으로 '생성하는' 분이며 그렇지 않다면 하느님 외에 다른 것은 전혀 존재할 수 없다고 했습니다. 마치 하나의 거대한 강이 여러 다른 지대를 가로질러 흐르듯, 하느님의 흘러넘치는 사랑은 예수의 삶과 죽음 안에서 세계를 향해 들어옵니다. 하느님의 흘러넘치는 사랑은 창조 그 자체, 그리고 성자를 '나신' 성부에 관한 영원한 진리와 완전히 연결되어 있습니다.

성부와 성자의 관계에 대해 생각하는 것이 마음을 들뜨게 하는 일인만큼이나 곤란한 문제들을 내포할 수 있는 일임을 부정하는 그리스도인은 없습니다. 한편에서 우리는 한 인간, 자동차 수리공, 고난을 겪고 흐느끼며 잠이 들고 다시 일어나는 연약하고 유한한 존재를 봅니다. 다른 한편에서 우리는 하느님의 역사, 당신이 선택하신 공동체를 다시 빚어내시고 그들을 통하여 전체 창조 세계를 새롭게 빚어내시는 하느님의 활동, 권능의 말씀을 봅니다. 이 둘은 분리할 수 없습니다. 그리스에 살았던 한 초기 그리스도교 신학자가 즐겨 말했듯, 자신의 친구라자로를 위해 눈물을 흘렸던 이와 그를 죽음에서 일으키신 이는 같은 사람입니다. 아무런 제약도 받지 않는 권능을 지닌 삶과 철저하게 연약한 삶, 다른 두 종류의 삶이 전혀 분리되지 않은 채 한 사람 안에서 살아 움직입니다. G. K. 체스터턴은 『정통』Orthodoxy에서 참된 그리스도교 가르침은 내리막을 빠르게 내려가는 마차처럼, 이쪽에서 저쪽으로 요동치지만 똑바로 서 있다고, "비틀거리지만 꼿꼿이 서 있다"고 말합니다. 그리스도교 역사를 살피면 많은 부분에서 요동치는 모습을 분명하게 발견할 수 있습니다. 어떤 때는 인간 예수를 너무 강조한 나머지 예수의 신성을 잊는가 하면 어떤 때는, 어쩌면 좀 더 흔한 경우, 그 반대의 일이 일어납니다. 그러나 어떻게든 그 그림과 기도와 언어는 다시금 균형을 되찾아 계속 흐름을 이어 갑니다. 이는 최소한 그리스도교의 가르침이 고정되어 있지 않음을 뜻합니다. 그리스도교와 그 가르침은 언제나 과거의 실수에서 배우려고 노력합니다.

그리스도인들은 한 개인인 나자렛 예수와 성자 즉 말씀의 영원하고 신적인 삶 사이의 관계를 좀 더 분명하게 밝히기 위해 다양한 이미지들을 사용해 왔습니다. 수년간 제가 많은 도움을 받은 이미지는 음악에 대해 잠시 생각해 보는 것이었습니다. 가수나 악기 연주자 같은 위대한 예술가가 하나의 음악 작품을 연주할 때 그는 기술이나 집중력에 있어서 한계를 지닌 한 인간입니다. 그는 자신의 모든 힘과 자유, 심지어 그의 사랑까지를 한데 모아 다른 사람의 작품과 비전에 생명을 불어넣습니다. 엘가의 첼로 협주곡을 연주하는 자클린 뒤 프레(이 연주는 영상으로도 남아 있습니다)를 떠올려 보면 여러분은 제가 무슨 말을 하는지 알 수 있을 겁니다. 클래식 공연에 가든 대중음악 콘서트에 가든, 성가대가 있는 대성당 예배에 참석하든, 커다란 스크린에 가까이 비친 가수를 보든 언제나 여러분은 이를 발견합니다. 그는 완전한 자기 자신으로 자유롭고 독립적인 개인이지만, 그 시간만큼은 자기 존재 전체, 자기의 생명, 자유, 자신이 지닌 기술, 그 모든 것을 이 신비하면서도 다른 무엇, 그가 생명을 불어넣고자 하는 작품에 완전히 녹여냅니다. 연주가 이어지는 동안 다른 사람, 즉 작곡자의 상상과 비전은 연주자의 한 인간으로서의 특수성을 대체하지 않되 그 연주자의 존재를 '가득 채우며' 나와야 합니다.

여기서 한 사람이 자신의 온 생애를 바쳐 그러한 '연주'를 펼친다고 상상해 봅시다. 이것이 바로 인간으로서의 예수에 대해 우리가 말하려는 바입니다. 예수는 하느님의 사랑, 하느님의 목적을 쉼 없이, 음정을 놓치거나 박자를 틀리는 일도 없이 연주합니다. 이때 그는 분명 자기 자신, 창조적인 작업에 전념하는 한 명의 특수한 인간입니다. 위대한 음악가들이 연주하는 모습을 보면 연주를 하는 와중에 강렬한 기쁨과 격렬한 씨름이 함께 일어나는 모습을 볼 수 있습니다. 무슨 일이 일어나든 연주자의 인간성과 특수성은 사라지지도 침해당하지도 않습니다. 오히려, 연주자의 무르익은 기술과 충만한 기쁨 가운데 또 다른 무언가가 현현합니다. 예수의 경우도 마찬가지입니다. 그의 인간적 삶, 그의 인간적 의지, 그가 지닌 힘, 그가 향유한 기쁨은 모두 한데 어울려 하느님이 누구신지, 하느님이 무엇을 원하시는지를 연주합니다. 그의 삶의 모든 면모는 곧 하느님의 말씀이 펼쳐 내는 하나의 연주입니다. 초기 그리스도인들이 예수에게서 죄를 볼 수 없다고 주장했을 때 그들은 무엇인가를 부정하는 것이 아니라 긍정하는 것입니다. 예수의 연주 안에서 작곡자이신 하느님의 뜻을 거스르는 요소란 전혀 없습니다. 그가 펼치는 연주의 모든 순간에는 작곡자의 정신이 완전히 배어 있습니다. 한편 초기 그리스도인들이 예수 안에 하느님이 자리하고 계시더라도 그 인성에 어떠한 '틈'도 생기지 않는다고 주장했을 때 그들은 작곡자인 하느님의 정신을 예수라는 단 한 명의 연주자가 온전히 담아내 연주하고 있다고 주장한 것입니다. 이 연주에서 작곡자인 하느님의 정신은 연주자인 예수가 인간으로서 자신의 인성을 완전히 실현하는 가운데 온전히 현현합니다. 이런 연주가 이루어지는 와중에 연주자가 연주를 멈추고 "지금부터 이 곡과 작곡가에 대해 제가 느끼는 바를 연주 대신 말로 설명드리겠습니다"라고 말한다면 그 연주에서 감명을 받기란 어려울 것입니다.

그 자신을 인간의 모습으로 옮겨서 드러내는 권능을 지닌 영원한 하느님의 말씀, 살아 있는 하나의 실재, 하나의 중개자, 그가 예수입니다. 그의 삶은 두 '종류'로 구분되나 실제로는 한 활동의 흐름 속에 있었습니다. 신조는 지상에서 예수의 삶이 성령의 활동에 의해서 그리고 동정녀 마리아를 통해서 시작한다고 말합니다. 이는 지금까지 우리가 생각해 온 것들의 의미를 조금 더 풀어 줍니다. 물론 우리는 아직 신조에서 성령에 관해 말하는 부분을 다루지 않았습니다. 하느님의 이 세

번째 차원에 대해서는 나중에 더 이야기해야 합니다. 하늘과 땅 사이를 이으시는, 영원하신 성자를 창조 세계 안에서 살아 있게 하시는 하느님의 생명이 지닌 이 세 번째 측면에 관해서는 좀 더 세심히 살필 필요가 있습니다. 지금 이야기하는 것은 나중에 다룰 영역의 '맛보기'입니다. 신조가 예수의 탄생을 바라보는 이 두 가지 관점, 예수의 탄생이 성령을 통해서 그리고 마리아를 통해서, 양자 모두에게서 긍정받아야 했다고 말할 때 이는 우리가 예수의 삶을 단지 인간의 역사가 빚어낸 결과, 이 세계에서 일어난 하나의 사건으로 생각할 수 없음을 말해 줍니다. 이 사건에서 세계를 지탱하시고 생명을 불어넣으시는 하느님의 활동은 반드시, 특별히 세계의 표면에 아주 가까이 있습니다. 그러나 그 길을 내는 것은 인간의 역사입니다.

　하느님은 마치 창세기의 천지창조 이야기에서 첫 인간에게 생명을 불어넣으시듯 이 세계에 당신의 '숨'(이것이 '성령'의 의미입니다)을 불어넣으셨습니다. 그 때문에 예수는 지상에 존재합니다. 그러나 이것은 마리아가 "예"라고 말하는 인간의 사건 없이는 일어나지 않습니다. 앞서 저는 예수의 동정녀 탄생 교리를 일축해서는 안 되는 몇 가지 이유를 제시한 바 있습니다. 정말로 중요한 요점은 하느님이 숨을 불어넣으실 때 인간의 받아들임, 인간의 동의가 사건을 만들어 내는 계기의 한 축이 된다는 것입니다. 하느님은 역사를 갈아엎지 않으십니다. 역사를 옆에 제쳐 놓고 이 세계에 특별히 창조된 다른 무언가를 만들지 않으십니다. 하느님은 당신을 모실 완벽한 매개체가 될 수 있는 능력을 지닌 예수를 그렇게 자랄 수 있게끔 육체적으로, 영적으로 양육할 한 사람에게 동의를 요청하십니다.

여기서 오래전 하느님의 백성이 지나온 모든 역사, 하느님에게서 선물과 은총을 받았고 이 세계에서 하느님을 위해 '책임을 져야'만 했던 사람들의 역사가 뚜렷이 나타납니다. 마리아가 받은 질문, 이 세계에서 하느님을 위해 아주 특별한 방식으로 그녀가 책임을 질 것인지를 묻는 질문은 하느님이 당신이 택한 공동체에 선사하신 모든 선물을 집약하여 드러냅니다. 하느님은 마리아에게 하느님의 숨을 들이마실 것을, 하느님의 육화한 몸을 자신의 몸 안에서 양육할 것을, 자신의 온 감정과 생각과 관심을 다 바쳐서 보살필 것을 요구하셨습니다. 하느님의 값없는 은총과 마리아, 즉 은총이 가득한 인간의 결단과 받아들임이 만날 때 예수는 인간으로 존재하기 시작합니다.

신조는 오직 세 명의 인간만을 언급합니다. 예수, 마리아, 그리고 본티오 빌라도입니다. 즉 예수, 그리고 예수에게 "예"라고 말하는 인간과 "아니오"라고 말하는 인간입니다. 세 이름은 우리 모두가 살아가는 영역의 밑그림을 보여 준다고 할 수 있습니다. 각자의 삶을 통해서 우리는 한쪽 끝과 다른 한쪽 끝 사이를 오갑니다. 우리는 때로 더 깊은 "예"를 향해 나아가는가 하면 더 깊은 "아니오"를 향해 떠나가기도 합니다. 그리고 그 모든 것의 중심에 그 모든 것을 이해하는 한 분이 서 계십니다. 예수, 그분이 우리가 뿌리를 내려야 할 생명입니다. 그분은 우리의 "예"와 함께 일하실 수 있고 우리의 "아니오"마저 극복하실 수 있습니다.

마리아를 생각할 때 우리는 그녀의 특별한 역할을 인정하기를 두려워하지 말아야 합니다. 안타깝게도 여러 세기에 걸쳐서 그녀는 여러 논란의 중심에 올랐습니다. 어느 때는 그녀의 중요성이 이상하리만치 지나치게 과장되었던 탓에 다른 한쪽도 과잉반응하고 그녀의 역할을 축소시키려고 했습니다. 최소한 마리아는 예수 안에서 나타난 하느님에게 자신의 신뢰를 두었던 최초의 사람입니다. 최소한 신앙인으로서 그녀는 우리의 손위 누이입니다. 종종 나이 많은 누이는 나이 어린 형제자매들이 자라고 세계를 발견하는 데 있어서 상대적으로 특별한 역할을 맡습니다. 자기 역할을 잘 아는 누이는 커다란 차이를 만들어 낼 수 있습니다.

마리아는 자신이 무엇을 해야 하는지를 알았습니다. 그녀는 자신에게 주어진 역할을 받아들임으로써 그 시간, 그 장소 안에서 예수라는 사건이 일어날 수 있게 했습니다. 지금 우리가 있는 이 장소, 이 시간에 예수의 활동이 일어나게 하기 위해 우리의 첫걸음을 내디딜 때 종종 마리아를 바라보며 그녀의 손을 붙잡는 것을 부끄러워해서는 안 됩니다. 루가의 복음서에 나오는 수태고지 이야기에서 하느님이 그녀에게 요구하신 것을 따름으로 인해 그녀가 치러야 할 대가는 상상할 수 없을 정도로 막대했습니다. 신뢰 안에서 성숙하고자 하는 그리스도인들이 그녀를 바라보고 그녀의 "예"를 묵상하며 기도 가운데 그녀의 우정을 구하는 일은 전혀 별나거나 어리석은 일이 아닙니다.

이 모든 주제를 둘러싸고, 그리고 그 너머에 여전히 이 질문이 남아 있습니다. '왜 굳이 예수의 삶이어야만 하는가? 예수의 삶을 필요로 하신 하느님의 뜻과 목적은 정확히 무엇인가?' '성육신'(말 그대로, '몸-됨'), 하느님의 아들이 살과 피를 입어 이 세계에 내려온 것은 창조세계의 이야기 전체가 발전해 온 방식의 자연스러운 결과물이라 말할 수도 있습니다. 실제로 몇몇 그리스도교 사상가들은 이에 가까운 결론에 도달했습니다. 그러나 성서를 보다 있는 그대로 읽는 관점을 따르는 이들 중 대부분은 이 질문이 인간으로서 우리가 필요로 하는 바와 관계가 있다고 말하고 싶어 했습니다. 어느 관점에서 보면 이것은 인간사에 나타나는 위기나 난관을 다루는 방식입니다. 때때로 그리스도교 가르침에 대한 해석은 먼저 이 부분에 집중한 뒤 예수의 정체, 예수와 하느님과의 관계를 다루는 논의로 넘어갔습니다. 이와 달리 신조는 '왜'라는 물음보다는 '누가'라는 물음으로 시작합니다. 저는 신조의 방식을 따르기로 했습니다. 두 가지 방식 중 어느 한쪽만이 옳다고 할 수는 없습니다. 그러나 신조의 방식은, 예수가 만들어 내는 차이가 무엇인지, 그것이 왜 필요한지를 깊이 있게 검토하기 이전에 우리가 예수에 대해 말하는 것들이 어떻게 '하느님을 신뢰할 수 있음'을 확증하는 데 총체적인 전형이 되는지를 보여 줍니다. 예수는 언제나 우리가 구할 수 있고 어떤 상황 속에서도 깨지지 않는 하느님의 사랑이 지닌 모순 없는 자기 일관성을 보여 줍니다. 예수의 삶 안에서 우리에게 말을 걸어오시는 분에게 의지할 수 있다는 확신에서 출발할 수 있다면 우리는 그의 삶과 죽음의 결과로서 선포하는 내용을 신뢰하기 위하여 우리 자신을 좀 더 단단히 붙들어 맬 수 있습니다. 사도 바울이 골로사이인들에 보낸 편지에서 말했듯 예수 안에 "하느님의 온전히 충만한 신성이 육신의 형태로 머무르고" 있다면 이를 인정하는 것은 우리가 하느님의 활동을 어떻게 더듬어 나갈 수 있는지, 그분의 역사가 겨냥하는 방향은 어디인지를 조금 더 선명하게 볼 수 있게 해 줄 것입니다.

4.
평화의 대가

• 죽임을 당하고 묻히셨으나, 사흘 만에 부활하셨습니다. •

평화와 찬미, 화해와 기쁨. 이것이 하느님의 목적입니다. 그러나 이
것은 세상에서 전혀 뚜렷하지 않습니다. 대체로 인간의 삶은 서로 잘
화해하지 않습니다. 하느님을 찬미하는 소리는 들으려고 힘껏 애쓰지
않으면 들리지 않습니다. 시대를 막론하고 인류의 정신과 마음 안에서
하느님의 형상은 너무 자주 부정적인 모습, 공포스러운 모습, 옹졸한
모습, 또는 이 셋 모두를 다 합친 모습으로 받아들여져 왔습니다. 우리
가 지금까지 생각해 온 바가 맞다면 세계는 그것이 있을 수 있는 곳에
있지 않습니다. 있어야 마땅한 곳에 있지 않습니다. 하느님은 우리를
창조하셨고 당신의 생명을 비추도록 자유를 주셨지만, 우리는 선사받
은 그 생명을 전하기보다는 우리 자신을 건사하는 데 그 자유와 우리

의 정신을 사용합니다. 루가의 복음서는 '탕자', 도망간 아들의 이야기를 들려줍니다. 킹 제임스 역에 따르면 예수는 점점 잘못되어 가는 도망자의 삶을 적나라하게 묘사합니다. "어느 누구도 그에게 눈길조차 주지 않았다." 하느님께는커녕 서로에게조차 베풀 수 있음에도 베풀지 않는 것이 일상인 세계, 이러한 세계에 우리는 익숙해져 있습니다. 이 세계에는 사람과 사람 사이, 국가와 국가 사이, 인종과 인종 사이, 계급과 계급 사이, 그리고 종교와 종교 사이에 강력한 방벽이 세워져 있습니다.

우리는 우리가 있을 수 있는 곳, 있어야 마땅한 곳, 어떤 이들은 '선물 경제'라 부르는, 호혜로 이루어진 평화의 상태에 있지 않습니다. 가장 일상적인 영역에서 날마다 가족끼리 주고받는 애정, 서로를 향한 존중과 친절을 통해 우리는 이러한 이치가 삶의 기초를 이룸을 깨닫습니다. 그러나 우리의 삶 속에서, 우리가 살아가는 커다란 집단의 현실 속에서, 국가와 문화 안에서 이러한 이치는 계속해서 뒤틀립니다. 다른 이에게 베푸는 일이 자신을 곤란하게 하거나 불이익을 겪게 한다면 언제든지 선을 긋고 발을 뺄 준비가 되어 있음을, 우리 각자는 알고 있습니다. 글을 쓰는 이 순간, 다음 문장으로 넘어가기 전에 잠시 펜을 놓고 지난 24시간 동안 이 세계에서 일어난 일들을 떠올려 봅니다. …그리스도교 신앙은 기본적으로 인류의 깊은 근원에 뿌리내리고 있는 이러한 뒤틀림을 '원죄'라는 말로 집약해 놓았습니다. 비유를 들자면 몬머스의 주교로 있을 때 저는 외진 지역에 있는 교회들을 방문하기 위해 매주 시골길을 거쳐 가야 했습니다. 도중에 표지판이 잘 보이지 않아 길을 잘못 들어서면 다시 바른 길로 접어들기가 어렵습니다. 그저 우회전 한 번으로 간단히 해결되지 않습니다. 우리에게 깊게 뿌리 내린 안으로만 돌아서는 성향, 자신으로만 돌아서려는 성향은 인류의 역사를 통해서 계속 전해 내려왔습니다. 우리는 오직 자기 자신에 대한 익애溺愛만을 몸에 익히며 인간이 되는 법을 배웁니다. 현대의 여러 사상가들이 강조하듯, 우리는 다른 사람들이 원하는 것을 지켜보면서 자신이 무엇을 원하는지를 익히며 그것을 얻기 위해 그들과 경쟁합니다.

우리가 선택하기도 전에, 이러한 방식으로 이미 선택지들은 은밀히 축소되어 있습니다. 원죄는 꼭 인류에게 드리워져 있는 거대한 형이상학적 저주를 뜻하지는 않습니다. 원죄를 말함으로써 우리는 우리가 살아가고 존재하는 법을 배우는 과정에 우리의 삶과 생명, 기쁨을 가로막는 것들을 배우는 과정이 함께 섞여 있음을 들여다 봅니다. 한 인간의 생애에서 하나하나의 실패와 잘못된 돌아섬은 그 사람을 점점 더 견고한 자기 자신의 감옥에 갇히게 만듭니다. 인간이라는 종의 역사도 마찬가지입니다. 그러니 우리가 주는 데 있어서 점점 덜 자유로워지고, 평화에서 점점 더 멀리 떨어지고 있는 모습을 보인다 해서 놀랄 일은 아닙니다.

이러한 순환을 깰, 흐름을 뒤집을 무언가가 필요합니다. 인간들이 교류하고 상호작용하는 이 세계 안에서, 자기를 내어 주기를 두려워하지 않는 담대함이 만물의 핵심에 자리해야 합니다. 이 모든 것을 종식시킬 수 있는 것은 오직 구체적인 역사적 행동, 인간의 행동뿐입니다. 그러나 인류는 여전히 거절과 자기방어가 만들어 내는 순환 고리에 휘말려 있습니다. 인간은 이 순환 고리를 깰 수 있을 정도로 온전히 인간이지 못합니다. 여기서 우리는 왜 예수의 삶이 필요한지, 왜 예수의 정체가 완전한 인간이자 완전한 하느님이어야 하는지에 대한 질문에 답할 수 있습니다. 오직 인간의 말, 인간의 행동만이 인류 역사의 과정을 치유할 수 있습니다. 인류 역사를 치유하는 것은 관념과 이상이 아니라, 역사에서 새로운 것들이 구체적으로 가능해지는, 기존의 관계들이 모든 사람과 선을 위하여 바뀌는 계기들입니다. 오직 신적인 자유만이 이러한 계기를 일으키기에 충분합니다. 첫 번째 장에서 살펴보았듯, 하느님의 자유에는 자기 이익, 자기방어를 향한 추구가 조금도 없기 때문입니다. 세계를 창조하신 하느님을 신뢰한다는 것이 무엇을 뜻하는지를 안다면 세계를 변혁하실 하느님의 활동을 우리가 어디서 찾아야 하는지도 알 수 있습니다.

완전한 인간이자 완전한 하느님이라는 예수에 대한 말은 추상적인 표현으로 보이지만, 그 안에는 신적인 자유가 이 세계 안으로 들어와 펼쳐지도록 하는 인간의 행동을 찾으려는 마음이 담겨 있습니다. 예수는 신적인 자유를 향해 어떠한 조건도 없이 자기 자신을 엶으로써 자기 자신만을 향한 익애에 갇힌 인간의 흐름을 뒤집은 인간의 사건입니다. 예수의 인성은 하느님 아버지에 대한 거룩한 응답에 완전히 침잠해 있습니다. 그것은 성자 하느님, 말씀이신 하느님을 몸으로 살아 내는 삶입니다. 그래서 이 삶에는 자신 자신을 내어 주는 데 있어 어떤 제한도, 경쟁도, 시기도 없습니다. 아버지 하느님과의 화평 가운데, 예수의 삶 그리고 생명은 인간 세계 안에서 자신이 역사하는 곳 어디나 평화를 가져다 줍니다.

이것이 전부라고 우리는 분명히 말할 수 있습니다. 이것이 우리가 알아야 할 전부입니다. 예수는 피와 살로 만들어진 완전한 사랑입니다. 다만 이는 쉬운 일이 아닙니다. 선택지가 막혀 있는 곳, 우리를 그릇된 방향으로 돌아서게 하고 우리가 누구인지, 우리가 무엇인지에 대해 아주 잘못 설명하는 이 세상에서 이러한 종류의 사랑은 자연스럽지도 분명해 보이지도 않습니다. 그런 사랑은 정상이 아닌 것처럼 보입니다. 더욱 나쁜 것은, 이런 세상에서도 여전히 자유롭게 자기를 내어 주는 사람은 외부인이나 적으로 보인다는 점입니다. 윌리엄 골딩의 『파리대왕』Lord of the Flies에서, 조난당한 아이들 중 한 명인 사이먼은 그들이 두려워할 만한 것이 없다는 사실을 깨닫습니다. 사이먼은 악의 힘을 달래는 즉흥 의식을 벌이며 춤을 추는 아이들에게 뛰어들어 괜찮을 거라고 말해 주려 합니다. 그러자 그 아이들은 사이먼에게 달려들어 그를 죽입니다.

단 한 사람의 온전한 인간이 인간적인 것의 적으로 보이는 것, 이것을 이해하기 위해서 복잡하거나 신비한 이론들을 찾을 필요는 없습니다. 다만 잠시 멈추어 서서, 선한 것을 바라보며 의심스러워하고 불안해하던 우리의 모습, 심지어는 모범적인 사람이 결국은 그렇게 대단히 훌륭한 사람은 아닌 것으로 드러났을 때 우리가 느꼈던 안도감을 떠올려 보면 됩니다. 진정한 선을 마주할 때 우리의 본능은 종종 숨을 곳을 찾으려 합니다. 사회생활에서 '희생양'이 만들어지는 과정을 보면 이 점이 더욱 확연히 드러납니다. 우리는 임의로 누군가를 적 또는 위협과 동일시함으로써 우리 자신의 소속감을 공고히 합니다. 이렇게 적과 우리 사이에 놓인 갈라진 틈을 누군가 이음으로써 평화를 이루려고 할 때 보다 심각한 폭력이 발생하는 것을 우리는 발견합니다. 최근 역사 중 미국에서 일어났던 시민권을 위한 투쟁은 인종 간의 정의와 평등을 위해 일하는 활동가들, 특히 비폭력 노선을 따르는 활동가들에 대한 충격적일 정도로 잔인한 폭력을 낳았습니다. 1968년에 일어난 마틴 루터 킹의 살해는 그 충격적인 폭력의 정점이었습니다. 평화를 이루어 갈 책임을 떠안기로 하는 것은 "아니오"라고 외치는 폭력을 이끌어 낼 위험을 감수하는 것입니다. 그러니 우리가 앞에서 생각해 보았던 대로, 세상 속에서 하느님은 신뢰할 수 있는 분이라는 사실에 책임을 진다는 것은 위험을 감수하는 일입니다. 누구든지 이 책임을 온전히 떠안으려 할수록 더 큰 위험에 놓이게 됩니다.

이 세계와 아버지 하느님을 향해 거룩한 예물을 봉헌하는 인간, 그 무엇에도 제한되지 않는 사랑을 바치는 한 인간으로서의 예수에 대해 말하는 것은 필연적으로 이 세상 속에서 심각하고 끔찍한 위협에 처할 누군가에 대해서 말하는 것입니다. 그는 우리 안에서 끊임없이 이어져 내려오고 있는 저항의 무게와 직면할 것입니다. 우리가 되어야 할 진정한 우리 자신의 모습을 거슬러 온 우리 자신 내면의 뿌리 깊은 반역의 대가를 그가 대신 지불할 것입니다. 그리스도교는 예수가 "죄의 값을 치렀다"고 말합니다. 죄, 진리를 거스르는 반역의 상태에는 결과가 따릅니다. 죄는 반드시 값을 요구합니다. 진리 바깥의 삶, 자기 자신을 속이는 삶은 저절로 우리 안에 있는 생명을 갉아먹고 파괴하게 되어 있습니다. 이 진실을 거슬러 살아가면서 막연히 살아남기를 기대할 수는 없습니다. 오늘날 지구환경의 위기가 우리 공동의 죄성을 보여 주는 통렬한 상징인 것도 이러한 이유에서입니다. 그러니, 예수가 그 당시 종교 권력과 정치 권력의 결정적인 거절, 완고하면서도 폭력적인 거부에 직면했을 때 그는 하느님의 목적과 가능성뿐만이 아니라 인간의 자기파멸적 성향이 낳는 결과까지를 '몸으로 보여 준' 셈입니다. 십자가에 달린 예수는 우리에게 말합니다.

이것이 진리 밖에 있는 너희의 삶이 의미하는 바다.

너희는 아무 조건 없이 주어지는 자비를 입었어도 역겨워하며 돌아선다.

너희는 삶 그 자체가 무엇을 위해 있는지도 알아차릴 수 없는 곳에 이르렀다.

삶과 죽음의 차이를 너희는 알지 못한다. 너희 안의 실재는 죽었다.

끔찍한 육체적 고통과 정신적 영적 괴로움을 겪는 가운데 하느님께 왜 자신이 버림받았냐며 울부짖는 예수의 모습은 우리의 궁극적 운명, 죽음이라는 비실재, 진리에서 잘려 나간 상태를 보여 줍니다. 예수가 주고자 하는 것을 거부함으로써 우리는 우리가 어디를 향하고 있는지를 드러냅니다. 적어도 이런 의미에서, 예수는 우리가 지은 죄의 짐을 짊어집니다. 우리의 습관에 뿌리박혀 있는 행위의 결과를 짊어집니다. 사도 바울은 예수가 "죄가 된다"고, 우리 자신의 모습을 그가 몸으로 보여 준다고, 우리가 짊어져야 할 저주를 그가 스스로 짊어진다고 말합니다(2고린 5:21, 갈라 3:13).

신약성서는 다양한 말과 이미지를 통해 이를 보다 적절하게 드러냅니다. 그중에서도 가장 분명하고 직접적인 말은 '희생'입니다. 히브리 성서에 따르면 희생은 하느님과 더불어 평화를 이루는 선물입니다. 윤리적인, 혹은 종교적인 잘못 때문에 당신이 하느님에게서 소외될 때 그 관계를 회복하기 위해서는, 그 대가가 값비쌀 수도 있음을 생각하면서 당신이 무엇을 내어 놓아야 하는지를 물어야 합니다. 이런 맥락에서 우리는 예수를 자신의 존재와 행함으로 하느님께 그 대가를 치러 세상과 우리의 화해를 이루는 희생 제물이라고 말할 수 있습니다. 그리스도가 등장하기 직전 시대의 유대 사상가들은 히브리 성서 안에 있는 여러 좋은 구절에 근거해 순종하는 삶은 일종의 희생이며 이것만이 중요하다는 사상을 앞서 정립해 놓았습니다. 이러한 의미에서, 예수가 이루는 하느님의 목적과의 완전한 화합은 희생입니다. 하지만 이것은 그를 죽음으로 몰아간 화합이었습니다. 여기서 그의 순종은 피로 바친 제물입니다. 마치 모세의 율법을 따라 희생된 짐승의 피처럼, 예수의 피가 흘러 하느님과 세계의 소통을 회복하고 그 관계를 깨끗하게 만들었습니다.

여기에 또 다른 이미지들이 있습니다. 예수의 죽음은 우리를 납치한 파괴의 세력에게 지불한 몸값입니다. 죄 없는 이가 자기 스스로 우리를 대신하여 우리가 받아 마땅한 처벌을 받았습니다. 이로써 우리가 치러야 할 죗값에 대한 청구서는 취소되었습니다. 승리가 확정되었습니다. 이 모든 이미지를 아는 것, 이 모든 이미지가 사용된 이유를 아는 것이 중요합니다. 동시에 이 이미지들은 예수가 왜 죽어야 했는지를 설명하는 이론이 아님을 아는 것 또한 중요합니다. 이 이미지들이 말하는 단 하나의 핵심은 우리가 평화에 이르기 위하여 예수가 생명을 포기해야 했다는 확신입니다. 복수심에 불타는 완고한 하느님이 보상을 요구해서가 아니라, 이 세계가 존재하는 방식이 우리가 자유함에 이르기 위해서는 죽음에 이르기까지 자기를 내어 주는 예수를 통할 수밖에 없다는 사실을 불가피하게 만듭니다. 여러분과 제가 살고 있는, 여러분과 제가 만들어 낸, 여러분과 제가 공모한 이 세계에서 그 무엇에도 제한받지 않는 사랑이 치러야 할 대가는 바로 이것입니다. 이 지점을 단단히 붙잡을 때 서로 충돌하는 듯한 이미지들과 이론들이 균형을 이룹니다. 적절하게도, 니케아 신조는 이를 몇 안 되는 단어로 간결하게 표현합니다.

우리와 우리의 구원을 위하여

하느님의 영원한 말씀은 우리를 위해 마리아의 자궁에서 인간의 삶을 시작합니다. "우리를 위하여"라는 표현은 우리가 예수에 관한 모든 이야기를 어떻게 읽어야 하는지를 말해 줍니다. 어린이 찬송가 「저 멀리 푸른 언덕에」There is a green hill far away의 가사를 기억하는 분들이 있을 겁니다. 이 노래는 기초적인 만큼이나 예수에 관한 모든 이야기의 핵심을 담고 있습니다.

우리는 믿네 우리를 위하여
그분이 거기에 매달리셨음을
그분이 거기서 고난받으셨음을

동방 정교회의 전례에는 그리스도에 관하여 이 노래 못지않은, 그리스도에 관한 단순하면서도 인상적인 문구가 있습니다.

우리를 하느님 나라에 인도할 때까지 당신은 무엇이든 하시나이다.

이 모든 것을 다루는 우리의 이론은 복잡하고 만족스럽지 못합니다. 다만 우리가 알아야 할 전부는 파멸과 거짓의 올가미에서 우리를 자유케 하기 위해 치러야 할 그 모든 것이 성금요일에 일어난 사건을 통해 완수되었다는 사실입니다. 십자가 위에서 하느님에게서 버림받은 끔찍한 느낌을 포함해, 예수는 인간이 겪을 수 있는 가장 깊은 밑바닥까지 내려갔습니다. 그 모든 과정을 거치는 가운데서도, '왜?'라고 절규하며 저항하고 싶은 마음이 들 때조차 예수는 하느님과의 화평을 이어 갔습니다. 그는 우리의 죄와 거짓이 만들어 내는 한계의 최정점까지, 지옥의 끝까지 나아갔습니다.

위대한 종교개혁자 장 칼뱅과 현대 로마가톨릭 신학자인 한스 우르스 폰 발타자르와 같은 이들은 십자가에서 예수가 지옥 그 자체를 견뎠다고, 하느님에게서 최종적으로 소외되는 경험을 감내했다고까지 말합니다. 이것은 난해한 이야기이며 일관성 있게 설명하기도 어렵습니다. 다만, 적어도 그러한 이해는 죄의 모든 결과 가운데에서도 우리와 함께 하시기를 바라는 하느님, 그분에게서 우리가 상상할 수 있는 한 가장 멀리 떨어진 곳에 있을 때에도 기꺼이 종국에는 우리를 데려오시는 하느님의 의지를 보여 주는 상징으로 십자가가 얼마나 의미심장한지를 우리에게 상기시킵니다. 그러나 사도신경에서 예수를 언급하며 "죽음의 세계에 내려가시어"라고 할 때 그 본래 의미는 이것과는 상당히 달랐습니다. 라틴어로 이 말은 단순히 '아래의 장소'를 의미하고 에페소인들에게 보낸 편지의 한 구절 곧 예수가 "모든 것을 완성하시려고"(에페 4:10) 높은 곳에 올라가신 것처럼 창조 세계의 아래 부분에도 내려가셨다고 이야기하는 구절과 관련이 있습니다. 예수 시대 일부 유대인 저자들의 생각에 따르면, 그렇기에 예수는 죽은 이들의 영혼이 갇혀 있는 지하 감옥에 내려갑니다. 이와 비슷한 생각이 베드로의 첫 번째 편지에 나타납니다(1베드 3:18~19). 이 구절이 정확히 무엇을 의미하는지에 대해서는 다양한 이론이 있지만, 그리스도가 오기 전에 모든 죽은 이가 복음을 듣고 이로 인해 변모될 수 있는 기회를 갖는다는 의미로 받아들여졌습니다. 동방 그리스도인들이 부활에 대해 오랜 기간 그려 온 방식은 여기서 비롯했습니다. 여기서 예수는 무덤에서 다시 살아나는 것이 아니라 아담과 이브, 다윗과 솔로몬 그리고 다른 구약의 인물들이 묶여 있는 감옥의 문을 부숩니다.

재차 강조하지만 이 모든 이야기의 주제는 하느님의 자유로 인해 모든 상황 한가운데에 늘 존재하는, 열려 있는 문입니다. 말 그대로 예수를 만날 기회조차 없는 이에게도 예수 안에서 이루어지는 하느님의 역사는 현실이 될 수 있습니다. 우리가 상상할 수 있는 곳이라면 어디든, 심지어 죽은 자들이 갇혀 있는 감옥이라 할지라도 평화와 찬미로 가는 길이 있습니다. 예수는 "모든 것을 완성"하십니다. 그는 인간의 모든 경험 속에 나타나시어 문을 열어젖히십니다. 그 순간 모든 곳은 변화됩니다.

냉전이 끝났을 때 '평화 배당금'에 대한 광범위한 논의가 있었습니다. 다른 사람이 보유한 핵무기로부터 자신을 방어하기 위한 또 다른 핵무기를 갖기 위해 막대한 자금을 소모할 이유가 없다면 그 돈을 어떻게 저개발 국가를 위한 개발이나 기아와 빈곤 기타 등등의 문제를 해결하는 데 쓸 수 있을 것인가에 관한 논의였습니다. 세계 상황은 크게 변하지 않았고 우리는 여전히 기다리고만 있습니다. 그러나 평화 배당금 자체는 예수의 죽음을 둘러싸고 벌어지는 일들에 대한 적절한 은유입니다. 이 은유는 이 세계에서 글자 그대로 평화 배당금을 현실화하기 위하여 우리를 더 능동적으로 헌신하게끔 만들어 줄 수 있습니다. 그저 무언가를 승인하는 것으로는 평화를 이룰 수 없습니다. 평화를 이루기 위해서는 새로운 가능성을 만들어 내야 하며 새로운 것들이 나오기 위해 에너지가 쓰일 수 있도록 해야 합니다.

　이 때문에 그리스도인들은 구원을 이야기할 때 십자가의 고난만을 언급하지 않습니다. 물론 자주 그렇게 들릴 수도 있지만 말입니다. 구원을 이야기할 때 그들은 성금요일과 부활, 십자가 사건과 부활 사건을 둘러싼 일련의 사건 전체를 마음에 둡니다. 이 일련의 사건을 넘어 사도 바울이 이야기한 새로운 세계, 새로운 창조가 일어납니다. 예수의 십자가 고난은 이 세계에서도 가장 추악한 자리 한복판에 하느님이 임하시는 기반을 닦는 사건이라고 말할 수 있습니다. 그 자리에 가능성으로 있던 것들이 세워지고 현실화됩니다. 우리가 우리 자신 안에 우리 스스로 받아들인 지옥과도 같은 소외의 무게를 다 더한다 하더라도 하느님의 영원한 사랑을 부수기에는 충분치 않음을 알게 될 때 우리의 눈은 열려 하느님의 사랑이 어떻게 우리를 새로이 만들어 가는지를 보고 이해하게 됩니다.

부활 사건은 한편으로는 하느님의 사랑이 지닌 질기고도 단단한 끈기와 집요함을 보여 줍니다. 우리가 최악의 짓을 저질렀을 때조차 하느님은 하느님으로 계시며 우리의 하느님이 되시려 끊임없이 헌신하십니다. 인간의 육체를 입고 십자가에서 고통스럽게 죽어 가는 와중에도 하느님은 하느님이셨습니다. 죽음을 극복한 예수의 새로운 생명 안에서도 하느님은 하느님이십니다. 성서가 전하는 부활에 관한 이야기들을 읽을 때 흥미로운 점은 그 이야기들이 하느님의 사랑이 어떻게 죄 또는 악보다 더 강력한지를 진술하는 일련의 일반적인 증언이 아니라는 것입니다. 부활에 관한 이야기들은 예전에 나자렛 예수의 물리적 존재에서 그의 현존과 마주하여 하느님의 절대적인 사랑을 만났던 이들이 부활 사건에서도 여전히 같은 경험을 하고 있다고 증언합니다. 그들은 전과 다름없는 예수의 모습과 얼굴에서 하느님의 부르심을 듣고 하느님의 자비와 맞닥뜨립니다. 부활의 이야기들에서 예수는 자신이 언제나 그랬듯 제자들을 부르며 그들과 함께 빵을 나누고 성서가 말하는 바가 무엇인지를 가르칩니다. 부활은 죽음을 이기고 승리한 하느님의 사랑을 영원한 그리고 여전한 예수의 모습으로 드러냅니다. 그렇기 때문에 부활은 그저 제자들의 머릿속에서 일어났던 사건으로 환원될 수 없습니다. 그렇게 환원해 버리면 우리는 성서의 기초가 되는 확신 곧 제자들이 만난 부활한 예수가 언제나 했던 바를 여전히 하고 있음을, 여전히 자신의 목소리와 손짓, 자신의 삶 안에서 하느님을 드러내고 있음을 놓치게 됩니다. 신약성서가 증언하는 부활절의 빈 무덤을 완전히 진지하게 받아들이지 않고서 어떻게 우리가 저 모든 이야기를 말할 수 있을지 저는 모르겠습니다.

여기에 한 가지가 덧붙여졌습니다. 요한의 복음서에 따르면 예수는 제자들에게 자신의 "영", 자기 생명의 숨결을 "불어넣습니다". 제자들은 하느님과 세상을 향해 예수의 음성을 말할 수 있는, 예수가 행한 일을 행할 수 있는 능력을 갖추게 됩니다. 제자들에게 당신의 숨을 불어넣음으로써 예수는 자신과 사람들 사이에 일어난 접촉과 만남, 당신의 활동, 당신의 얼굴과 음성이 우리 시대에까지 이어지게끔 해놓았습니다. 십자가 사건 이전에 있었던 예수와의 직접적이고도 인격적인 접촉과 경험은 부활 안에서 새롭게 변화합니다. 예수가 자신의 친구들에게 자신과 자신의 아버지를 위해 책임을 질 수 있는, 이 세상에서 예수 자신의 몸이 될 수 있는 능력을 줌으로써 예수와 그의 친구들 사이의 접촉과 만남은 새로운 단계에 들어섭니다. 이것은 신약성서에 담긴 가장 위대하고도 새로운 은유입니다. 특별한 사람들이 시대를 뛰어넘어 하느님의 신비를 다른 이에게 전해 주었듯, 예수의 생명이 담긴 숨결을 이어받은 사람들과 접촉하고 만남으로써 우리는 예수를 만납니다. 예

수의 영이 활동하고 있는 그리스도인을 만나는 것은 예수와 같은 시간
에 함께 있는 것과 같습니다.

기억하십시오. 그리스도교는 하나의 메시지이기 전에 하나의 접촉
이자 만남입니다. 하느님은 활동하고 계십니다. 하느님은 마리아가 아
이를 품에 안은 바로 그 순간부터 살과 피를 지닌 육체 안에서 당신 자
신을 알려주십니다. 예수가 딱히 특별한 말을 하지 않고 특별한 행동
을 하지 않는 때조차 그의 존재 안에서 하느님은 활동하고 계십니다.
그리고 이제 하느님은 예수의 숨결을 자신들 안에 이어받은, 살과 피
로 이루어진 인간들이 우정과 교제를 지속하는 가운데 활동하십니다.
심지어 그들이 특별히 그리스도를 닮은 행동을 하지 않을 때에도 그리
스도인의 공동체가 지닌 그 질기고도 단단한 모습에는 사람들의 마음
을 두드리고 느끼게 하는 무언가가 있습니다. 부활한 예수가 어떠한
관념이나 이미지가 아니라 살아 있는 한 인격이라면 우리는 그의 손
길이 닿은 사람들을 통해 그를 만날 것입니다. 그들이 개인으로서 어
떤 실패를 겪었든, 어떤 두려움이 있든지 간에 그들 모두는 이 세계 안
에서 다른 이들이 예수의 현존을 느끼고 경험하며 받아들일 수 있도록
책임을 질 수 있는 능력을 갖고 있습니다.

예수는 이제 한 개인으로 이 세계에 거하지 않습니다. 니케아 신조

와 사도신경은 그가 "하늘에 오르셨다"고 말합니다. 루가의 복음서와 사도행전은 예수가 당신의 제자들에게 어떻게 작별을 고하고 하늘로 올라갔는지를 전합니다. 물론 이 이야기는 시각적 상상력에 호소하는 언어로 이루어져 있습니다. 이를 두고 성서가 일종의 우주여행을 말하고 있는 것으로 해석해서는 안 됩니다. 성서 저자들은 하느님이 문자 그대로 구름 위에 사시지 않음을 잘 알고 있었지만, 예수가 더는 당신의 제자들에게 물질적인 형체를 띠고 나타나지 않는다는 것을 전하기 위해 기꺼이 구약성서에 있는 시와 시편에 담긴 강렬한 이미지를 사용했습니다. 그분은 "올라갔습니다". 그분은 현장에서 벗어났습니다. 그리고 이제 그분은 "성부 오른편에 앉아 계십니다". 우리가 하느님을 바라볼 때 우리는 예수를 바라볼 수밖에 없습니다. 그의 존재, 그가 말하는 바, 그가 행동하는 바는 이제 하느님 안에서 하느님과 분리되지 않고 영원히 하나로 합쳐졌습니다. 우리는 그를 통해 신적 생명을 느끼고 이해합니다. 중심 주제로 돌아가, 예수는 인간의 모든 상황 속에서 활동하는 자신의 모습을 보임으로써 하느님을 신뢰할 수 있다는 것이 무엇을 뜻하는지를 새로운 층위에서 보여 주었습니다. 창조자인 하느님에 대한 신뢰, 당신 자신이 아닌 다른 것들을 향하는, 어떠한 사심도 없는 그분의 관심은 예수 안에서 구체화됩니다. 말하자면 아버지와 아들, 성부와 성자는 서로의 신실함과 진실함을 증언합니다.

서로를 향한 이 '증언', 서로를 향한 이 가리킴은 예수의 생명이 담긴 숨결, 곧 우리가 성령이라고 부르는, 문자적으로는 거룩한 숨결을 뜻하는 신비로운 매개자를 통해 전달됩니다. 예수의 친구들이 이루는 공동체를 단단히 붙들어 매는 것은 바로 모두가 이 같은 숨결을 들이마신다는 것, 모두가 같은 영의 활동으로 활력을 얻는다는 것, 그래서 예수와의 관계로 부름받은 모든 이가 예수가 그랬듯 아버지 하느님과 관계 맺을 수 있는 능력을 받는다는 사실입니다. 요한의 복음서에 따르면 부활절에 막달라 마리아 앞에 나타난 예수는 "내 아버지이며 너희의 아버지께 올라간다"고 말합니다. 예수가 기도를 드리며 아람어로 하느님을 "아바, 아버지"라 불렀듯이, 그리스도인도 성령에 힘입어 하느님을 향해 "아바, 아버지"라 부를 수 있게 된다고 바울이 말했을 때 그는 같은 것을 이야기하고 있습니다. 하느님의 숨결을 이어받는 것, 하느님의 숨결을 들이마시는 것은 곧 예수가 하느님과 나누었던 친밀함을 이어받는 것, 마치 진정한 가족의 일원이라면 응당 그러하듯, 하느님의 현존을 향해 부끄러움 없이 대담하게 들어갈 수 있게 되는 것을 의미합니다. "하늘에 계신 우리 아버지"라 말할 때마다 우리는 우리가 믿는 것을 아주 분명하고도 확고하게 선언하고 있는 것입니다. 예수는 이제 우리가 숨 쉬며 살아가는, 우리가 들이마시는 대기입니다. 예수 안에서, 그의 거룩한 숨결에 담긴 권능 안에서, 하느님과의 친밀함 속으로, 신뢰할 수 있고 자연스러우며 동시에 깊은 도전과 대가를 요구하는 관계 속으로 우리는 성숙해 갑니다.

대기가 바뀌었습니다. 세계가 바뀌었습니다. 바울이 "새로운 창조"를 말하면서, 새로운 창조는 우리가 예수의 숨결을 들이마실 때 일어난다고 말하는 것은 지극히 당연합니다. 교회에서 전해 오는 몇몇 시들은 부활절이 일종의 창조에서 새로이 추가된 날, 창조의 여덟째 날이라고 말합니다. 첫 번째 창조에 속한 일곱 날들은 모든 것이 새롭게 시작하는 세계의 새로운 역사로 나아갑니다. 성 요한은 자신의 복음서에서 예수의 무덤이 마치 에덴동산을 암시하는 듯한 어느 동산에 있었음을 언급함으로써, 그리고 막달라 마리아가 부활한 예수를 처음 보았을 때 그를 동산지기로 여겼다고 말함으로써 아주 넌지시 이러한 사실을 우리에게 상기시킵니다.

우리가 부활을 기념할 때 우리는 실제로 두 번째 '빅뱅', 한처음 우주가 탄생할 때처럼 격렬하고 강렬한 신적인 에너지의 소용돌이 한가운데에 섭니다. 최근 한 작가가 '수학적 공식 안에서 타오르고 있는 불꽃'이라 멋지게 표현한 것, 만물이 지닌 수학적, 물리적 구조들 안에 있는 에너지가 여기, 부활이라는 사건에 자리하고 있습니다.* 오래 전부터 이어져 오고 있는 부활 밤 예식에서 모닥불에 불을 붙이고 이를 축복한 뒤 그 불꽃으로 촛불을 켤 때 우리는 자연스럽게 창세기에서 하느님이 첫 번째로 하신 말씀을 떠올립니다.

---

*　　Kitty Ferguson, *The Fire in the Equations: Science, Religion and the Search for God*, West conshohoken PA, Templeton Foundation Press, 2004.

빛이 생겨라.(창세 1:4)

부활절 전날, 우리는 창조 그 자체를 다룬 이야기를 읽기 시작합니다. 이 창조야말로 지금 우리가 목격하는, 온 세계를 다시 빚어내고 정초하는 힘이기 때문입니다.

부활절 전례는 우리의 마음을 들뜨게 합니다. 여기서 우리가 아는 세계의 역사는 끝났다고 상상할 수도 있으므로 현실을 되짚어 볼 필요가 있습니다. 신약성서는 일부 초기 그리스도교 신자들이 이런 비전에 너무 과도하게 열중한 나머지 죽은 이의 마지막 부활이 이미 일어났으며 세상의 종말이 다가온 것처럼 말했다고 전합니다. 사도 바울도 한두 곳에서 이 문제를 직접적으로 다루어야 했습니다. 진실은, 한 차원에서 우리와 모든 창조 세계가 '죽음에서 생명으로 넘어가'는 동안 이 세계의 역사는 계속 진행되며 반역과 고통의 역사는 여전히 눈앞에 있다는 것입니다. 세계가 새롭게 되고 구원받은 것처럼 보이나요? 그렇지 않아 보일 때가 더 많습니다.

새로운 창조가 빚어내는 현실은 우리 역사를 이루는 모든 순간을 치유와 약속의 미래로 열어 놓습니다. 그러나 매 순간 가능성과 현실 사이에는 여전히 갈등과 불확실성이 남아 있습니다. 미래는 그저 미래입니다. 우리는 미래를 알 수 없고 통제할 수도 없습니다. 궁극적으로, 미래는 하느님의 손에 달려 있습니다. 한편 우리는 이 이야기의 종착지가 하느님이라는 확신을, 우리의 역사는 회복될 수 없는 최종적인 혼돈으로 빠져들 수 없다는 확신을 얻었습니다. 신약학자들은 여러 세대에 걸쳐 성서는 '이미'와 '아직 아닌' 사이의 긴장을 이루고 있다고 말해 왔습니다. 신약성서의 저자들은 희망할 무언가가 있다고 분명하게 생각하면서도, 희망은 본질적으로 그 무언가를 어둠을 향해 투사할 수 있음을 강조했습니다. 사도 바울은 로마인들에게 보낸 편지 8장 25절에서 묻습니다. "눈에 이미 보이는 것을 누가 바라겠습니까?"

그분은 산 이와 죽은 이를 심판하러 영광 가운데 다시 오실 것입니다.

신조를 고백할 때 이 지점에서 우리는 '아직 아닌'을 떠올립니다. 마지막 재판이 도래할 때까지, 마지막 위기가 닥칠 때까지(여기서 '위기'는 그리스어로 '심판'을 뜻합니다) 시련은 계속될 것입니다. 모든 시험의 저편에, 우리 역사에서 일어나는 고통과 갈등 너머에 예수가 있습니다. 마지막 때, 우리의 모든 역사를 넘어선 그곳에서, 당신의 절대적인 진리로 그분은 모든 것을 행하고 시험하실 것입니다. 그분의 현존 안에서 만물과 모든 사람은 마침내 자신이 무엇인지를 발견하고 자신들이 진정 있어야 할 곳을 알게 될 것입니다.

한편에서 모든 미래 저편에 이 세계가 무엇인지 진정으로 드러낼 그리스도의 빛이 있다고 말하고 있다면 그 이면에는 마지막 심판과 재림이 일어나는 날짜를 헤아리고자 열중하는 이들, 특정 부류의 그리스도교 신자들이 있습니다. 그러나 신약성서는 거듭해서 우리는 마지막 날을 알지도 못하고 알 수도 없다고 말합니다. 그러므로 우리는 언제라도 종말이 닥칠 수 있다고 여기며 살아가야 한다고 말하고 동시에 지금 여기에 대한 온전한 책임감을 지니고 살아야만 한다고도 말합니다. 사도 바울은 세계의 종말이 임박했다는 이유로 자신의 일을 포기한 사람을 가차 없이 비판합니다(데살로니카인들에게 보낸 둘째 편지 3:6~12를 보십시오). 심지어 예수 자신조차 그가 인간으로서 말할 당시에는 마지막 때의 날짜를 알려줄 수 없었습니다. 예수는 우리에게 그저 항상 깨어 있으라고 말합니다(마태 25:13). 우리는 그가 언제 올지 알 수 없기 때문입니다.

우리가 마지막 심판에 대해 알아야 할 모든 것은 그것이 언젠가는 일어날 일이며 그것이 언제 일어날지 우리는 모른다는 것입니다. 따라서 우리는 언제든지 온전한 진리와 마주하기 위해 끊임없이 준비하는 삶을 살아야 합니다. 세상의 마지막이 내일 오든 300만년 뒤에 오든 우리가 이 다음에 해야 하는 일에는 전혀 차이가 없습니다. 우리는 그리스도가 비추는 진리의 빛 안에서, 당장, 지금을 사는 법을 배워야만 합니다. 마지막 심판은 절대로 우리가 그 자체로 선한 일을 등한시한 것에 대한 알리바이가 될 수 없습니다. 우리는 서로를 돌봐야 하고 평화를 이루어야 하며 환경을 돌보아야 합니다. 물질계를 이루는 환경은 곧 파괴될 것이기 때문에 신경 쓸 필요가 없다고 말하는 것은 매우 어리석고 비그리스도교적인 행동입니다. 바울은 정확히 이런 사람들, 마지막이 가까이 왔다는 이유로 일하기를 거부하는 이들을 향해 분노 했습니다. 마지막 날이 언제 오는지 알 수 있는 단서를 우리가 가지고 있다면 우리의 허영심과 무엇인가를 극적으로 만들고 싶어 하는 감각 을 즐겁게 할지는 모릅니다. 그러나 마지막 날에 관한 신약성서의 증 언에 비추어 보면 종말의 때를 논하는 것은 아주 기이하게 들립니다. 마르틴 루터는 세상이 내일 멸망한다는 것을 알더라도 오늘 한 그루의 나무를 심을 거라 분명히 말했습니다. 오늘 선한 것은 언제나 선한 법 입니다. 그 기간의 길이는 그다지 중요하지 않습니다. 어려운 것은 균 형을 잡는 일입니다. 바울은 우리가 해야 할 일이란 지금 여기서 우리 를 필요로 하는 일이라고 말합니다. 하지만 그는 동시에 그리스도의 임박한 재림이 비추는 빛 안에서 우리가 살아간다면 지금 여기서 우리 를 짓누르는 압박에서 근본적으로 떨어져 나와야 함을 상기시킵니다. 삶에서 정말로 중요한 것과 그렇지 않은 것을 우리는 식별할 수 있어 야 합니다. 우리가 이룰 수 있는 일정 수준의 안락함과 안정에 대한 기 대, 우리가 세운 계획의 성공에 대한 기대로 삶을 가득 채우는 일에서 자유로워져야 합니다. 우리는 진지하게 맡은 일에 책임을 다해야 합 니다. 그러나 그 다음 우리는 이렇게 말하는 법을 반드시 배워야 합니 다. "설령 내가 바라는 대로 이 일을 성사시킬 수 없다면 그렇게 되도 록 하라. 하느님은 여전히 하느님이시다."

요한의 복음서는 다른 어떤 성서 본문보다도 "그 빛 안에서" 살아가는 것, 지금 여기에 강조점을 둡니다. 그리스도의 빛 안에서 살아가는 것은 우리의 자기기만과 변명을 폭로할 예수의 진리가 우리 앞에 닥치리라는, 저 무서운 질문에 익숙해지는 것입니다. 그리스도인들은 날마다 주의 기도를 암송하며 "우리를 유혹에 빠지지 않게 하시고"라고 기도합니다. 많은 사람이 이 구절을 의아해하지만 그 본래 의미는 충분히 명료합니다. 우리는 하느님이 우리를 재판에 회부하지 않으시기를 간구합니다. 우리가 받아들일 준비를 갖추지 못한 위기와 마주하게 되지 않기를 그분께 간구합니다.

당신의 절대적인 진리와 사랑 안으로
우리가 벌거벗은 몸으로, 두려운 마음으로,
무기력하고 혼란스러운 모습으로 나아가지 않게 하소서.
모든 것을 꿰뚫는 그리스도의 강렬한 빛에
익숙해질 수 있는 시간을 허락하소서.
오늘의 여정을 보내는 데 필요한 양식을 주셔서
오늘 선한 것이 무엇인지 배울 수 있게 하시고,
그리하여 내일 닥칠 시험, 다시 오시는 그리스도께서
우리의 정직함과 신실함을 시험하실 최후의 순간을
우리가 조금이라도 더 준비할 수 있게 하소서.

신약성서는 그리스도의 재림에 관한 두 가지 주제, 그분이 영광 속에 다시 오실 때 발하는 모든 것을 투명하게 들추어내는 빛과 우리의 이 기적이고 두려움에 가득 찬 습관에 종지부를 찍으려는 매일의 과업, 이 두 가지를 끊임없이 함께 엮어 냅니다. 우리는 종말의 빛 안에서 살아가야만 합니다. 종말의 빛 안에서 살아간다는 것은 의기소침하거나 두려움 속에서 살아가는 것이 아닙니다. 다만, 하느님을 피해, 우리 자신을 피해, 그리고 서로를 피해 스스로 숨어 들어간 그늘 밖으로 우리 자신을 끌어내고자 끊임없이 노력하는 것입니다. 성서를 읽고 성사에 참여함으로써 우리는 끊임없이 반복해서 저 그늘 밖으로 나오려 노력합니다. 예수가 사는 곳, 진리가 살아 있는 곳 안으로 다시 돌아가기 위해 애씁니다.

오늘날 우리가 살아가는 맥락에서 종말의 빛 안에서의 삶을 강조하는 것은 가치 있는 일입니다. 이 삶은 이 장 서두에서 우리가 다루었던 현실 세계의 모습과 잇닿아 있기 때문입니다. 우리는 고립된 개인으로서 무엇을 깨닫거나 성장하지 않듯 고립된 개인으로서 진리를 배우지 않습니다. 예수의 사목과 죽음 그리고 부활의 목적은 하느님의 백성이라는 공동체를 다시 창조하는 것입니다. 예수는 하느님과 우리 사이에, 그리하여 창조 세계와 우리 사이에, 다른 인간 존재들과 우리 사이에 평화를 이루었습니다. 우리는 너무 쉽게 평화 또는 구원이 각각의 개인에 해당하는 문제라고 잘못 생각합니다. 반면 성서는 우리가 언제나 하느님의 말씀과 활동으로 창조된 공동체의 일부로서 그분의 자비와 평화를 받는다는 것을 당연하게 생각합니다. 진리의 빛에 익숙해지는 것이란 신앙인으로서 우리가 '함께' 행하는 것을 뜻합니다.

성서는 성령, 즉 예수의 생명을 담은 숨결을 '친교'communion를 주는 영이자 진리의 영으로 묘사합니다. 성령이 전달하는 진리를 경험하는 것은 언제나 하느님 백성이 모여서 이루는 그리스도의 '몸'이라는 공동의 삶을 사는 와중에 이루어집니다. 흔히 '감사 기도'(바울이 고린토인들에게 보낸 둘째 편지 맨 끝에서 따온)라 부르는 친숙한 기도문은 "주 예수 그리스도의 은총과 하느님의 사랑과 성령께서 이루어 주시는 친교"를 말합니다. '친교'는 때때로 '교제'fellowship로 번역됩니다. 두 단어는 모두 그리스어 코이노니아κοινωνία를 가리킵니다. 오늘날 신학자들이 즐겨 쓰는 단어입니다만, 사실 이 말은 단순한 '나눔'을 의미합니다. 코이노니아는 내가 가진 무엇인가를 당신에게 줌으로써 나누는 것을 의미할 뿐 아니라, 좀 더 깊은 차원에서는 공통된 것을 나누는 것, 즉 같은 종이나 가족, 집단 등에 속하는 것, 가족으로서 닮은 점을 공유하는 것을 의미합니다. 때때로 우리 주 예수가 보여 준 대가를 바라지 않는 호의와 그의 거룩한 숨결을 나누는 삶에 대해 언급하는, 보다 간단한 방식의 감사 기도를 드릴 수도 있겠습니다.

하느님의 공기를 우리가 들이마실 때 언제나 일어나는 삶은 함께 하는 삶입니다. 예수는 하느님의 백성, 하느님이 선택하신 공동체를 다시 빚어냈지만, 그 방식은 단순히 자기 자신과 여러 개인을 엮은 뒤 서로를 소개하게 만드는 것(그런 요소도 있음을 나중에 살펴보겠지만)이 아니었습니다. 예수는 나눔의 삶이 지닌 구조와 에너지 전체를 완전히 변화시킵니다. 초기 그리스도교 신학의 언어를 빌리자면 그는 우리의 본성 전체, 우리를 인간으로 만드는 것, 인간으로서 우리가 공통적으로 지니는 것을 변모시킵니다. 예수는 우리의 공통된 '본성' 안으로 새롭고도 근본적인 무엇을 깊숙이 불어넣었고 이는 예수를 받아들이는 공동체의 생명력이 됩니다. 구약성서에서 이스라엘 백성은 정의가 실현되는 꿈을 꾸었습니다. 즉 그들은 인간이 처한 모든 상황에서 하느님의 정의가 작동하는 것을 보고자 했습니다. 이를 위해 그들은 모든 이가 공유하는 절대적인 의무와 하느님이 모든 이스라엘인을 동등하게 부르셨다는 확신을 결합해 서로를 하나의 공동체로 엮었습니다. 신약성서는 이보다 더 깊고, 더 넓은 공동체를 말합니다. 이 공동체의 구성원들은 정의와 소명에 관한 공통 감각뿐 아니라 서로를 양육하고 서로에게 의지하며 서로에게 자기를 내어 주는 방식으로 하나를 이룹니다. 이 새로운 창조 안에서 우리가 공통적으로 지닌 인간의 본성이란 언제나 서로가 서로에게 생명을 불어넣어 주며 한 사람에게서 다른 사람에게로 옮겨 갔다가 다시 돌아오는 운동 속에 있는 본성입니다. 여기에는 물론 하느님 아버지 성부와 아들 성자, 그리고 성령이 공통적으로 지니는 본성이 반영되어 있습니다. 그리하여 새로워진 인간 본성은 자기를 내어 주는 나눔입니다. 이 내어 줌은 우리 존재를 구성하는 핵심 요소가 되며 새로워진 인간 존재로서 우리가 무엇인지를 근본적으로 정의합니다.

지금까지 우리가 살펴본 의미에서 좀 더 앞으로 나아가기 위해서는 하느님과 우정을 나누며 함께 간다는 것이 무엇인지, '친교' 안에서 하느님을 만난다는 것이 우리에게 무엇을 뜻하는지를 좀 더 생각해 보아야 합니다. 평화를 이루는 데 있어 가장 중요한 점, 그리스도의 죽음과 부활의 결과로 가능해진 삶에서 가장 중요한 점은 평화가 그저 경쟁과 갈등이 없는 상태가 아니라는 것입니다. 평화는 서로가 서로를 사랑하고 양육하며, 내어 주면서 동시에 받는 활동이 일어나고 있는 상태입니다. 이것이 부활에서 탄생한 새로운 세계가 품고 있는 가장 새롭고도 깊은 메시지입니다.

5.
우애 가운데 함께 계신 하느님

• 우리는 하나이고, 거룩하며, 보편적이고,
사도적인 교회를 믿습니다. •

그리스도의 숨을 들이마신다는 것, 그리스도가 우리가 살아가는 '대기'가 된다는 것은 위대한 신약학자인 C. F. D. 몰의 표현을 빌리면 평화의 상태에 있게 됨을 의미할 뿐 아니라 일각에서 '역동적 균형'이라 부르는 상태에 있게 됨을 의미합니다. 우리는 서로에게 자신의 생명을 내어 주고 받는 가운데 서로에 대한, 그리고 하느님을 향한 신뢰와 확신 안에서 함께 나아감으로써 끊임없이 성장하고 관계를 유지해 갑니다. 바로 이 활동이 깨지거나 단절되지 않고 꾸준히 흐를 때 우리의 평화가 이루어집니다. 따라서 우리는 신조에서 성령에 관한 믿음을 고백한 다음 교회 안에서 갖게 될 우리의 신뢰, 우리의 확신을 고백하는 단계까지 나아갑니다.

누군가는 이를 어색하게 여길지도 모르겠습니다. 교회를 '믿는다'는 것은 하느님이나 그리스도를 믿는다는 것과는 다른 의미이지 않습니까? 타당한 지적입니다. 사실 그리스어로 쓰인 니케아 신조 원문도 둘 사이에 차이를 둡니다. 교회는 아버지, 아들, 그리고 성령과 같은 수준의 또 다른 실재가 아닙니다. 그러나 교회는 우리가 신뢰할 수 있는 공동체입니다. 우리는 하느님을 신뢰할 수 있습니다. 하느님은 우리에게 선이 되는 것 외에는 다른 뜻을 두지 않으시기 때문입니다. 꼭 그처럼, 우리는 교회를 신뢰할 수 있습니다. 교회는 그 누구도 고립되지 않으며 누구도 저 홀로 성장하지 않으며 누구도 홀로 고통을 겪게 하지 않는 가운데 평화를 이루고 평화를 지키기 위해 실천하는 공동체이기 때문입니다. 교회에 속한 삶의 모토는 '타자와 함께'입니다. '너' 없이 '나'는 있을 수 없으며 '우리' 없이 내가 있을 수 없습니다. 이는 교회의 정체성이 '무리'의 정체성, 집단 안에 모든 이의 개성이 가려지는 정체성임을 의미하지 않습니다. '나'와 '너' 사이에 있는 다름은 진정한 다름으로 남습니다. 그렇지 않다면 어떠한 도전도 일어나지 않을 것입니다. 지루하고 단조로운 특징을 똑같이 공유하는 교회들을 여러분은 본 적이 있을 것입니다. 지역 교회든 이보다 더 큰 기관이든, 긴 시간이 걸리든 짧은 시간이 걸리든 군중 심리를 일으키는 교회는 결국 어느 한순간에 붕괴하게 되어 있습니다.

따라서 교회를 믿는다는 것은 우리가 함께 살아가도록 하느님이 보내 주신, 우리 주변의 다른 사람들이 지니고 있는 특별한 은총의 선물을 진심으로 믿는 것입니다. 신약성서는 교회를 공동의 삶을 위해 자신이 지닌 선물을 내어 줄 수 있는 사람들로 이루어진 공동체로 이해합니다. 오늘날 그리스도인들은 성서가 사용하는 이미지들에 너무 익숙해져 버린 나머지 하느님이 주신 선물을 보편적으로 공유하는 공동체가 지닌 비전의 급진성과 포괄성을 잊어버렸습니다. 고대 세계는 각기 다른 기능을 수행하는 기관들이 모인 사회를 묘사할 때 적절하게도 몸이라는 이미지를 사용했습니다. 그리스도교는 이 표현을 받아들이되 기능이 아니라 각기 다른 은총의 선물이라는 측면에서 이 표현을 재구성했습니다. 그리스도교는 '몸'이 함축하고 있는 혁명적인 의미를 이끌어 냈습니다. 한 몸이라는 관점에서 한 지체의 실패는 모두의 실패입니다. 이는 전체를 위해 오직 자신만이 기여할 수 있는 몫을 내어 놓을 수 있는 자유를 누군가가 부여받지 못했음을 의미합니다.

사도 바울이 로마와 고린토에 있는 그리스도인들에게 보낸 편지에서 그리스도의 몸인 교회를 말할 때 그의 정신 한가운데에는 이러한 생각이 자리하고 있었습니다. 교회는 다양한 구성원이 모인 공동체입니다. 그러나 교회가 지닌 다양성은 구성원들의 기질이나 선호에 따라 자연스럽게 만들어지는 것이 아닙니다. 교회의 다양성을 기질과 취향의 차이로 보는 것은 그 의미를 지나치게 축소하는 것입니다. 교회의 다양성은 성령이 선사하는 다양한 은총의 선물들, 각자가 맺는 하느님과의 다양한 관계, 그것에서 비롯하는 하느님에 대한 다양한 관점, 하느님의 역사를 이 세계에서 이루어 나가는 각 사람의 다양한 방식을 가리킵니다.

　이것은 매우 실천적이고 윤리적인 원리입니다. 모든 그리스도인의 도덕은 이 지점에서 시작한다고 바울은 생각했습니다. 고린토인들에게 보낸 두 번째 편지(8장과 9장)에서, 바울은 교회들 사이에 있는 상대적 부와 가난의 문제를 다룹니다. 실제로 필요한 것보다 더 가진 교회가 있는가 하면 어떤 교회는 그렇지 못합니다. 공동체 안에서 자유롭게 베풀도록 하느님이 내어 주신 은총의 선물을 베풀지 못하고 있는 지체들이 있는 것입니다. 부유한 교회들을 향하여 바울이 말합니다. 여러분에게 넉넉한 것으로 그들의 궁핍을 채워 주라고, 때가 되면 그들이 여러분의 궁핍을 덜어 줄 것이라고 합니다. 이것은 바울의 전체 사상에 깊게 배어 있는 원리의 기초를 간단하게 적용한 것입니다. 누군가에게 주어진 은총의 선물은 다른 사람을 도와서 그 사람 또한 다른 누군가에게 자신이 지닌 선물을 내어 주게 하기 위한 것입니다. 하느님의 선물은 주는 이들을 만들어 냅니다. 그렇다면 반대의 경우도 생각해야 합니다. 같은 편지 후반부에서 바울은 다른 교우가 고통받을 때 자신도 함께 고통받는다고 말합니다. "누가 약해지면 나도 약해지지 않겠습니까?"라고 그는 묻습니다. 친구가 좌절하여 주저앉을 때 바울도 주저앉습니다. 우리는 오직 함께 성장합니다.

　덧붙여 말하면 이것은 그리스도교 공동체에서 사목자의 신비하면서도 새로운 역할이 무엇인지를 강력하게 가리킵니다. 사도, 예수의 부활을 사람들에게 전하는 공공의 증인이자 교회가 무엇을 생각하고 기도해야 하는지를 가르치는 인도자는 서로의 삶을 가르는 경계의 벽에 구멍을 내는 그리스도의 삶을 가장 분명하게 선언하는 사람이자 다른 신자들의 기쁨과 아픔을 가장 민감하게 느끼는 이입니다. 그러므로 사도적인 사목의 핵심은 통제하는 것이 아니라 함께 기뻐하고 축하하며, 함께 고통을 겪는, 글자 그대로 함께-겪음에 있습니다. 교회 안에서 '사도적' 역할을 맡고 있는 사람들은 이것을 깊이 생각해 보아야 합니다. 사도직은 고대 종교의 위계질서나 사제 집단의 서열과 같아서는 안 됩니다. 사도직은 사목자로서 권위를 지니고 공동체의 삶을 살아가기 위한 기본이 무엇인지를 제시하기 위해 공동체 안에서 특별한 밀도를 지니고 살아가는 것입니다. 그리스도교의 사제 또는 사목자가 된다는 것은 훈련받지 않은 대중을 위해 종교적 기술을 부리는 것이 아니라 서로가 서로에게 모두 의지하는, 공동체의 삶이 지닌 뚜렷한 특징을 증언하는 것입니다.

제대로 기능하는 그리스도교 공동체는 모든 구성원이 서로가 지닌 은총의 선물을 함께 나누고 격려합니다. 추상적인 자기실현을 이루기 위해서가 아닙니다. 그리스도교 공동체는 각자가 "내 재능을 펼쳐야 돼. 그러니 저리 비켜"라고 소리치는 곳이 아닙니다. 비록 그런 일이 현실에서 벌어지고 있더라도, '몸'이라는 맥락에서 각자가 지닌 은총의 선물은 각자가 지닌 결핍과 떨어질 수 없는 관계에 있습니다. 주는 이는 자신이 가진 선물을 공동체에 어떻게 주어야 할지를 이해하고 있어야 합니다. 동시에 그는 스스로 참되고 단단한 삶을 살기 위하여 녹록지 않은 여건 속에서도 공동체와 공동체에 속한 이들에게 자신이 반드시 얻어야 하는 것이 무엇인지 알고 있어야 합니다. 교회 안에서 맺는 관계의 '밀도'는 모든 사람이 자기 자신에 대한 관심, 서로에 대한 관심, 그리고 하느님이 활동하시는 복합적인 전체에 대한 관심을 가지도록 부름받았다는 사실에 집중하는 것과 관련이 있습니다. 각 사람이 저마다 고유한 은총의 선물을 가지고 있다는 사실을 알았다면 그와 똑같이 각 사람에게는 서로의 도움을 필요로 하는 고유한 결핍이 있음을 우리는 배워야 합니다. 그리고 그것이 하느님과 밀접하게 관련되어 있다는 것을 알아야 합니다.

C. S. 루이스는 『스크루테이프의 편지』The Screwtape Letters에서 '사랑을 베푸는' 사람에 관한 유명한 구절을 남겼습니다.

그녀는 다른 사람들을 위해 살았다.
그런데 그녀의 사랑을 받은 사람들은 모두 쫓기는 데 지친 얼굴을 하고 있다.

자신이 받은 은총의 선물에 대해서 생각할 때 이것은 다른 사람에게 내어 주기 위한 것이니 나는 이것을 무리해서라도 너에게 강요해도 된다고 생각할 수 있습니다. 아니면 나는 이미 선물을 받았으니 더 이상

아무것도 받지 않아도 된다고 생각할 수도 있습니다. 또는 자신이 도움을 필요로 한다는 것을 성숙하지 못하고 의존적이라는 의미로 생각할 수도 있습니다. 그러나 제대로 기능하는 그리스도교 공동체의 실제 모습은 서로에게 관심을 기울이고 주고받으며, 기쁨과 희생이 서로 단단히 엮여 있는 좋은 결혼 생활과도 같습니다. 좋은 결혼 생활을 이루는 부부는 어느 한쪽에게 나쁜 것은 두 사람 모두에게 나쁜 것임을, 어느 한쪽에게 좋은 것은 두 사람 모두에게 좋은 것임을, 충만하고 온전한 삶은 두 사람이 반드시 함께 이루어 가야 하는 것임을 우리는 알고 있습니다.

물론 성서는 반대로 생각해야 한다고, 무엇이 좋은 결혼을 이루도록 하는지를 알기 위해서는 그리스도의 몸에 대해 먼저 이해해야 한다고 말합니다. 그러나 구체적이고 실천적인 면에서 우리는 모두 좋은 결혼이 어떻게 이루어지는지 알고 있으며, 여기서 출발한다고 하여 그렇게 나쁜 일은 아닙니다. 교회의 삶에서 이루어지는 희생과 서로에게 베푸는 은총의 선물을 추상적으로 말할 때는 내가 무엇을 희생할지가 다른 누군가에 의해서 정해진다는 의심을 품거나 내가 받은 선물에 대해서는 아무도 듣지 않는다는 느낌이 들기 마련입니다. 이럴 때 좋은 결혼이라는 구체적인 맥락에서 생각하면 그 뜻을 더 분명하게 이해할 수 있습니다. 결혼 생활에서 나 자신만이 가지고 있는 것이 무엇인지에 대한 생각이 전혀 없다면 나중에 내가 진정 무엇을 필요로 하는지, 내가 진정 바라는 것이 무엇인지에 대해 멈추어 서서 질문하는 순간이 반드시 옵니다. 마찬가지로 나의 동반자에게 중요한 것은 그에게 맞추기 위해 생기 없이 환상으로 있는 것이 아니라 내가 나 자신으로 있는 것입니다. 그렇기 때문에 나의 건강과 삶에 중요한 것은 동반자에게도 중요합니다. 우리가 교회에 관해 믿는 것은 결혼 생활에 있는 이러한 긴밀한 연결과 얽임의 관계가 시간과 공간의 제한을 받지 않고 전체 공동체를 떠받치는 생명력으로 뻗어 나간다는 것입니다.

저는 이것이 윤리에 관한 바울 사상의 원천이라고 말했습니다. 선한 삶이란 그저 어떤 규칙을 지키는 것이 아닙니다. 그것은 기껏해야 그리스도의 몸 안에서 함께하는 삶을 통해 만들어 내는 결과들을 단순화한 것에 불과합니다. 선한 삶은 우리가 서로를 위해 무엇이 되어야 하는지를 배우고 그리하여 우리 자신으로서 온전히 사는 것입니다. 거짓말, 살인, 간음, 탐욕 등이 죄인 이유는 그리스도의 몸으로서 이루어야 할 공동체라면 이런 것들에 도전하지 않을 수 없기 때문입니다. 여러분도 아시다시피 인류 역사에서 교회는 오랫동안 종종 저러한 행위들에 눈을 감은 곳이었습니다. 교회가 이루어야 할 공동체의 모습을 교회가 겪어 온 이야기들에서 필연적으로 이끌어 내기란 어렵습니다. 교회가 왜 존재해야 하는지, 교회가 왜 가장 중요한 자리에 있어야 하는지를 설명하려면 지금까지 위에서 다룬 근본 전제들을 반드시 다시 살펴야만 합니다.

교회의 역사에서든 교회 밖의 역사에서든, 우리에게는 "이것이 교회야"라고 말할 수 있는 순간이 필요합니다. 우리가 교회를 믿는다고 할 때 우리가 믿는, 또는 신뢰하는 교회가 무엇인지 생각하기 위해서는 두 가지가 필요합니다. 첫 번째로 우리는 교회를 생각할 때 그리스도교 공동체가 특정한 일을 하는 특정한 순간이 있다고 생각해야 합니다. 이렇게 생각할 때 우리는 우리의 노력과 태만, 우리의 성공과 실패에 의존하지 않는 진정한 교회가 무엇인지를 알게 됩니다. 두 번째로 우리는 교회가 예기치 않은 곳에서 '온전한 모습을 드러내는' 순간에 관해 말할 수 있어야 합니다. 일반적으로 신학이 정의하는 교회가 '그저 교회로서' 존재하는 순간에 더하여 구체적인 인간의 경험 안에서 구체적으로 교회가 드러나는 순간, 그 지점을 살필 때 우리는 교회가 무엇인지 알 수 있습니다. 하느님에 대한 언어와 표현은 오직 '하느님'이 실제로 뜻하시는 바를 나타내 보인 구체적인 인간의 삶과 그 삶의 이야기를 말해야만 살아 있는 언어와 표현이 될 수 있음을 앞서서 살펴본 바 있습니다. 교회 또한 마찬가지입니다.

사도신경의 라틴어 원문은 "성도의 상통"을 믿는다고 선언합니다. 이 표현은 '거룩한 백성 사이의 나눔'을 의미할 수도 있고 '거룩한 것들의 나눔'을 의미할 수도 있습니다. 또는 둘 모두를 의미할 수도 있습니다. 신약성서에서, 특히 사도 바울이 "거룩한 사람들"에 대해 말할 때 그가 말하고자 한 것은 우리가 생각하는 '성인'이 아닙니다. 남들이 선하다고 알아주는 수많은 삶에 어떤 평을 내리려는 것도 아닙니다. 그리스도인들이 '거룩'한 이유는 간단히 말해서 하느님이 그들을 당신과의 관계 안으로 입양하시어 당신을 "우리 아버지"라고 말할 수 있는 가족의 관계 안으로 받아들이셨기 때문입니다. 그러니 '거룩한 백성 사이의 나눔'은 어떤 영적인 은사를 받은 이들의 모임이 아닙니다. '거룩한 백성 사이의 나눔'은 하느님이 자신을 입양하셨음을 깨닫고 이를 표현하는 사람들이 함께 모여서 관계 맺는 것을 뜻합니다. 그들이 함께 모여 그리스도의 숨을 들이마실 때, 예수와의 관계 안에서 그들이 누구인지를 말과 행동으로 실천해 보일 때, 이 나눔의 관계는 눈에 보이고 손에 잡히는 구체적인 것이 됩니다. 사도신경에서 선언하는 상통 즉 '친교'는 그리스도인들이 자신이 누구인지를 말할 때 드러납니다.

여기서 무엇을 이끌어 낼 수 있을까요? 교회는 예수의 삶에 압도된 사람, 예수의 삶에 '깊이 잠긴' 사람들이 모인 공동체입니다. 세례를 받는 사람은 그리스도의 사랑이라는 물속으로 사라져 들어갔다가 다른 사람으로 다시 나타납니다. 그의 머리 위에 물이 차오르면 성서의 가장 첫 장에서 혼돈으로 가득찬 물에서 세계가 생겨나듯 새로운 세계가 생겨납니다. 세례를 베풀며 교회는 사람들에게 교회가 무엇인지, 교회에 속한 사람들이 어떤 종류의 삶을 살아가는지를 말합니다. 세례는 '거룩한 백성들 사이의 나눔'이 세상에 드러나는 사건이자 교회가 진정 무엇인지를 보여 주는 사건입니다. 교회란 사람들이 하느님과 서로에 대한 새로운 관계 안으로 받아들여짐으로써 끊임없이 새로운 삶으로 들어가는 공동체입니다.

또한 교회는 예수와 함께 음식을 먹도록 초대받은 이들의 공동체입니다. 예수는 지상에서 사는 동안 부정하고 미덥지 못한 이들과 함께 식사를 나눔으로써 하느님의 새로운 백성을 빚어내기로 한 자신의 약속을 표현했습니다. 부활 이후에는 제자들과 함께 음식을 나누며 자신들이 지닌 사명으로 그들을 다시 불러들였습니다. 꼭 그처럼, 그분은 모든 교회와도 그렇게 하십니다. 우리가 교회 안에 있는 이유는 우리 스스로 자리를 얻어 냈기 때문이 아니라 그분의 초대를 받았기 때문입니다. 성찬례 가운데 교회가 한자리에 모여 예수와 함께 먹고 마실 때 교회는 다시 한번 자신이 누구이며 무엇인지를 말합니다. 세례와 성찬례 안에서 교회는 그 자신의 본질을 낱낱이 우리에게 드러냅니다. 교회란 무엇입니까? 간단하게 말하면 예수의 삶과 생명에 젖어든 이들, 그 삶에 깊이 잠긴 이들, 예수와 함께 먹는 자리에 초대받은 이들, 함께 아버지를 향해 기도하는 이들입니다.

세례와 성찬례는 신약성서에서 예수가 자신의 친구들에게 이것들을 행하라고 말한 것에 뿌리를 두고 있습니다. 자신이 죽기 전날 밤, 예수는 제자들에게 빵과 포도주를 나누는 식사를 반복하라고 말하며 빵과 포도주를 먹고 마시는 것 안에서, 그리고 그것을 통해 그들과 함께할 것이라고 약속합니다. 성 마태오에 따르면 부활 이후 그분은 자신의 제자들에게 가서 모든 피조물에게 세례를 베풀라고 말합니다. 바로 이 때문에 대다수 그리스도인은 이 두 가지를 교회에서 가장 중요한 의식으로 여깁니다. 대다수 그리스도인이 매우 의미 있게 여기는 몇 가지 활동이 더 있습니다. '성사들'은 교회가 무엇인지를 보여 주며 하느님의 은총에 힘입어 교회의 정체성을 적절하게 갱신합니다. 여기에는 결혼이나 평생 공적인 사목으로 부름받은 이들을 승인하고 임명하는 것 등이 포함됩니다. 종교개혁 이후 자신을 프로테스탄트라 부른 이들은 세례와 성찬례를 교회에서 이루어지는 다른 활동들과는 다른 수준으로 다루어야 한다고 주장했습니다. 세례와 성찬례는 성서에서 분명하게 지시하고 있으며 교회를 이루는 가장 기본적인 요소들과 관련되어 있다고 생각했기 때문입니다.

모든 그리스도인이 그리스도인들을 하나되게 하고 서로를 알아보게 하는 핵심적인 활동으로 보는 것은 성찬례입니다. 구약성서에서 하느님과 하느님의 백성 사이의 결속을 공고히 했던 희생 제물과 관련된 식사처럼 신약성서는 성찬례를 '언약'을 맺는 식사로 소개합니다. 구약성서 시대에 희생 제물로 바쳐진 동물은 도살되었습니다. 여기서 동물은 하느님과 우리 사이의 평화를 이루기 위해 주어진 선물입니다. 하느님이 우리와 함께하신다는 약속이 갱신되고 확인되었음을 기뻐하기 위하여 사람들은 도살된 동물의 부위를 공유했으며 그 피를 거룩한 장소에 뿌렸습니다. 예수는 당신의 죽음 이후에 우리가 나눌 식사는 희생 제물로 바쳐진 소나 양을 먹는 것처럼 평화를 이룬 선물을 받는 것이라고 말합니다. 예수의 죽음은 단 한 번의 희생으로 영원한 평화를 이룩한 선물입니다. 식사에서 나누는 음식은 희생된 이의 몸이자 피입니다. 이제 피는 제대에 쏟거나 사람들에게 뿌려지지 않습니다. 식사를 나누는 사람들이 그 피를 마십니다. 이것은 모든 생명체에 대한 '원칙' 때문에 피를 마시는 것을 금지했던 당시 유대인들에게는 매우 충격적인 모습으로 다가갔습니다. 예수는 언약이라는 개념을 가져와 그 의미를 더 멀리까지 밀어붙였습니다. 이 피, 이 생명은 바깥에서 우리를 새롭게 하는 것이 아니라 우리가 삶 안으로 가지고 들어와야 할 무엇입니다.

마지막 만찬에서 예수는 다음날 자신이 흘릴 피가 '언약의 피'가 될 것이라 말합니다. 마치 구약성서에서 희생 제물을 나누는 식사처럼 당신을 기억하며 빵과 포도주를 먹고 마시는 것이 하느님의 약속을 확인하고 갱신하는 것이라 말합니다. 이제 성찬례는 구약성서에서 희생 제물을 나누는 식사가 지닌 의미에서 더 멀리 나아갑니다. 성찬례는 일련의 제의를 반복하는 것이 아니라 언제나 예수의 죽음이라는 단 한 번 일어난 사건을 기억하고 기념합니다(이것이 신약성서에서 아주 난해한 문헌인 히브리인들에게 보낸 편지에 나타나는 주요 주장입니다). 바로 여기에 우리 모두의 평화를 위해 치러진 대가가 있습니다. 빵과 포도주라는 물리적인 표지를 통하여, 신앙과 신뢰 안에서 그것을 먹고 마시는 가운데 우리는 우리 자신 안으로 그리스도의 생명을 받아들임으로써 그리스도의 죽음이 가져온 결과를 보장받습니다.

이 부분은 그리스도인들 사이에서도 커다란 분란을 일으키고 심각한 논쟁을 낳는 영역입니다. 오늘날 성찬례를 이해하기 위해 노력하는 사람은 복잡한 지뢰밭을 통과해야만 합니다. 또는 그렇게 보일 수 있습니다. 그러나 모두가 성찬례의 기초로서 인식하는 것들이 있습니다. 그중 하나가 바로 언약의 개념 즉 갱신되고 확인된 약속의 개념입니다. 아이작 와츠와 필립 도드리지 같은 18세기 개신교 찬송가 작사가들은 성찬례에서 나누는 빵과 포도주를 "맹세", "거룩한 서약"으로 즐겨 표현했습니다. 서약은 약속한 무언가를 가리키는 표지이자 언젠가 누릴 무언가에 대한 확신에 찬 증언입니다. 성찬례를 하며 나누는 빵과 포도주에 관해 우리는 최소한 이렇게 말할 수 있습니다. 빵과 포도주는 약속을 가리키는 눈에 보이는 표지이자 예수를 통해 아버지와 함께 누릴 교제를 미리 보고 경험하게 하는 전조입니다.

성찬례에 관하여 이것 이상을 말하고자 하는 충동은 언제나 강하게 존재해 왔으며, 그것은 마지막 만찬에서 예수가 했던 말 "이것은 나의 몸이다. 이것은 나의 피다"라는 신비한 문장과 밀접한 관련이 있습니다. 이 말의 의미에 대해 생각하려면 먼저 예수가 빵을 떼며 한 말을 이렇게 이해하는 데서 시작해야 합니다.

이것 또한 내 몸이다.
이 빵은 내 몸과 피와 마찬가지로
나의 생명과 나의 정체를
너희에게 가져다준다.

성찬례에서 마치 마법처럼 빵이 예수의 육체로 변화한다는 유의 논쟁에 우리는 너무 쉽게 말려들어 왔습니다. 그러나 복음서 본문이 지닌 힘(특히 요한의 복음서 6장에 나오는 "하늘에서 내려온 빵"을 묵상하더라도)은 그것 보다는 빵과 포도주에까지 예수의 실재가 확장되는 것에 있습니다. 빵과 포도주 또한 예수의 생명, 예수를 예수이게끔 하는 것을 사람들에게 전달합니다. 신앙인은 빵과 포도주를 먹음으로써 예수의 몸과 피가 담고 있는 것, 성자 하느님의 눈부신 활동과 권능, 예수를 예수이게끔 하는 그의 생명을 받습니다.

성찬례 안에 예수가 현존하기 위하여 빵과 포도주마저도 예수의 정체를 담을 수 있도록 하는 이 '확장'은 어떤 종류의 마술에 의해서 일어나지 않습니다. 성찬례에 관한 그리스도교 사상의 역사를 살펴보면, 성찬례에서 그리스도의 현존은 성령의 활동과 긴밀한 연관이 있는 것으로 다루어져 왔습니다. 신약성서에서 성령이 마리아의 자궁 안에 잉태된 아기에서 예수를 세상 속으로 들여오는 것처럼, 하느님이 입양하신 모든 이를 '새로운 탄생으로 이끄시고' 그들이 예수의 음성 안에서 기도할 수 있도록 해 주는 것처럼, 성령은 빵과 포도주를 '뒤덮어' 그것들을 새로운 생명으로 채웁니다. 동방 그리스도교 사상은 특히 성사가 지닌 이러한 차원을 강조했습니다. 이 때문에 동방 그리스도교는 이러한 차원을 경시하는 서방 그리스도교를 자주 비판했습니다. 동방 그리스도교 예배에서 가장 중요한 순간은 마지막 만찬에서 일어난 사건을 낭송하는 것이 아니라 그것에 뒤따라 나오는 기도, 성령에게 빵과 포도주를 변화시켜 달라고 간구하는 순간입니다.

여기서 성찬례의 전형이 서서히 드러납니다. 성찬례에서 우리는 세례받은 신앙인으로서, 우리의 삶 속으로 들어오시는 성령을 통하여 예수의 생명에 '흠뻑 젖은' 사람들로서 함께 모여 기도합니다. 그래서 우리의 기도는 말하자면 예수의 기도 안으로 흡수되어 들어갑니다. 성령의 선물을 받아 우리는 예수의 정체성을 입고 하느님 아버지 앞에 섭니다. 기도 가운데 우리는 빵과 포도주를 예수의 손에 건넵니다. 그가 그 빵과 포도주를 당신의 몸과 피가 되어야 한다고 기도해 주기를 간구합니다. 예수 자신이 성령의 활동을 완전히 전할 수 있는 통로이기에 그의 기도는 이루어집니다. 성령에 의하여 변화된 빵과 포도주를 우리는 되돌려 받습니다. 변화된 빵과 포도주는 우리가 이미 지니고 있는 우리 자신의 모습에서 더욱 깊게 들어가 진정한 우리 자신이 될 수 있도록 합니다. 우리와 하느님 사이에 만들어진 결합의 끈을 확신할 수 있게 합니다.

'성찬', 가장 유서 깊은 이름으로 부르자면 '감사제'에 참여하기 위해 모인 회중은 구약의 다니엘서 3장에서 맹렬한 불길 가운데 있던 세 젊은이처럼 타오르는 불길 한가운데 서 있습니다. 낯설고도 놀라운 이 이야기에서 바빌로니아 왕에게 박해를 받던 세 젊은 유대인이 "신의 아들 같은" 넷째 사람과 함께 걸었기에 불길 속에서 아무런 해도 입지 않았듯, 우리도 당신의 친구이자 길동무로 우리를 받아들여 주시는 영원하신 하느님의 아들과 동행하는 가운데 하느님의 타오르는 사랑의 불길 속으로 걸어갑니다. 또 다른 구약의 이미지를 들자면 출애굽기 24장에서 화목제를 바친 후 성스러운 산에서 이스라엘 장로들이 하느님을 뵈오며 함께 먹고 마셨듯 우리도 하느님을 뵈며 먹고 마십니다. 교회의 역사에 걸쳐 많은 시인과 설교자는 예언자 엘리야의 요청에 응답하여 하늘에서 내려온 불길(열왕기상 18장)과 성찬례를 관련지었습니다. 사도행전 2장에서 성 루가는 교회의 이야기가 시작되던 시기에 일어났던 사건을 말하며 부활한 그리스도에게 순종하며 모인 제자들 위에 불길이 내려왔다고 합니다. 성찬례는 진정한 '성령강림'의 체험입니다.

영성체에서 빵과 포도주를 받을 때 우리는 우리를 그리스도인이 되게 하는 것, 교회를 이루게 하는 것의 핵심 가장 가까이에 놓이게 됩니다. 이때 우리는 예수의 기도가 지닌 권능 안에 서 있습니다. 지상에서 예수의 초대를 받은 죄인들이 그와 함께 음식을 먹었던 것처럼, 우리는 부활한 예수의 초대를 받았기에 빵과 포도주를 받는 이 자리에 서 있습니다. 우리는 성령 안에서 기도하고 예수의 생명을 전달할 수 있도록 성령이 변화시킨 선물, 빵과 포도주를 받아먹습니다. 이 시간 우리는 우리가 누구인지를 선언합니다. 이 순간은 우리가 예수와 성령 안에서 일어나고 있는 하느님의 활동에 우리 자신을 여는 순간이며 그리하여 신앙인으로서 성장할 수 있는 가장 좋은 기회를 얻는 순간입니다.

옛 잉글랜드 성공회 기도서에는 영성체 다음에 주의 기도가 있습니다. 이러한 배치를 통해 우리는 빵과 포도주를 먹고 마실 때 하느님에게 입양된 자녀로서 우리 자신의 정체성이 재확인되고 갱신되었음을 다시 새길 수 있습니다. 한편, 오늘날의 예배와 로마가톨릭 전통에서는 영성체 직전에 주의 기도가 있습니다. 이러한 배치에는 예수와 함께 같은 식탁에서 먹고 마시기 위해 나아갈 때 우리가 세례를 받고 거듭난 온전한 자기 자신이 된다는 의미를 담고 있습니다. 두 전통 모두 나름의 논리를 가지고 있고 그 둘 모두의 기반은 성찬례 안에서 일어나는 성령의 역사가 중심이라는 것입니다. 빵과 포도주가 우리의 손 위에 놓일 때, 빵과 포도주가 우리 입 안에 들어올 때, 하느님을 "우리 아버지"라 부를 수 있는 권리와 정당성이 우리에게 주어집니다. 로마가톨릭 예배에서 항상 쓰이는 주의 기도 도입부 "하느님의 자녀되어 '삼가' 아뢰오니, 하늘에 계신 '우리 아버지'"는 이것을 잘 일깨워 줍니다. 이것을 당연한 일로, 자동적으로 일어나는 일로 생각해서는 안 됩니다. 이렇게 말하는 것 자체가 기적이며 있을 수 없는 일입니다. 그런데도 우리에게 이렇게 말할 수 있는 권한이 있는 이유는 하느님의 선하심 때문입니다.

바로 여기에 진정한 교회, 교회 이외에 그 어떤 것도 아닌 교회다운 교회, 그리스도를 향한 경배와 기도로 충만한 교회가 있습니다. 그러니 성찬례에 관하여 어느 고대의 찬양시가 세상의 종말이 도래했다고 노래하는 것도 그리 놀랄 일은 아닙니다.

알파와 오메가
최후의 심판에 놓인 모든 나라가 엎드려 절하는 분
이제 그분이 우리와 함께 계신다네.

영성체를 하는 순간 우리는 만물이 향하고 있는 곳을 미리 맛봅니다. 하느님의 영광과 선하심을 비추는 화해와 경배의 사건 안에서 우리 자신과 빵과 포도주가 표상하는 이 세계 만물은 성령의 활동에 사로잡힙니다. 성찬례에 집중함으로써 우리는 교회가 무엇인지를 보게 되며 이를 통해 얻은 분명한 기준으로 우리가 참된 교회를 이루고 있는지 여부를 판단할 수 있습니다. 하느님이 뜻하신 교회가 이루어야 할 모습은 이러합니다. 교회는 예수가 가르친 기도를 따라 기도함으로써, 예수의 힘과 생명을 받아먹어 성장함으로써 하나를 이루어 가는 공동체입니다. 모든 이가 똑같이 초대받을 자격도 없고 기대할 수도 없었던 손님이기에 평등한 공동체입니다. 사랑과 용서 안에서 하느님의 자유를 나타내 보이는 공동체, 창조주뿐만 아니라 피조물과도 평화를 이루는 공동체입니다.

저는 이따금 영성체를 모신 후 자기 자리로 돌아올 때 내 옆에 있는 사람, 내 이웃을 경외심을 가지고 어떻게 바라보아야만 하는지에 대해서 가르치곤 했습니다. 내 옆에 있는 사람은 그 사람을 내가 깊이 사랑하든, 전혀 모르든, 혐오하든, 심지어 두려워하든 간에 하느님의 특별하고 귀한 손님, 그리스도를 따라 기도하고 그리스도의 생명을 들이마시며 살아가는 사람입니다. 이 순간만큼은, 그들은 만물이 마지막에 이르렀을 때 마주하는 영광에 닿아 있습니다. 우리도 그렇습니다. 여기서 세상의 만물, 자연을 통해 하느님이 주신 선물들은 모든 것을 새롭게 빚어내는 하느님의 사랑과 재창조를 가리키는 분명한 표지로 변화됩니다. 하느님은 내 옆에 있는 사람들, 내 이웃 또한 그렇게 되기를 원하십니다. 마지막 날에 당신의 흘러넘치는 사랑의 표지가 되기를 바라십니다.

중요한 차원이 하나 더 있습니다. 그리스도인들이 예배를 드리기 위해 만날 때는 빵과 포도주만을 나누지 않습니다. 그리스도인들은 행동뿐만 아니라 말을 통해서, 성서라는 이야기와 노래를 통해서 자신들이 누구인지를 듣고자 모입니다. 교회는 성서에 귀 기울일 때 진정한 자신의 모습을 나타냅니다. 교회에 모인 이들은 그저 오래전 사람들이 남긴 기록으로서의 성서가 아닌, 지금 자신들에게서 일어나고 있는 이야기로서 성서를 듣습니다. 성찬례에서 거룩한 것들을 나누는 일은 이 세계에 관여하시어 당신이 누구인지를 보여 주시는 하느님에 관한 이야기를 듣는 맥락 안에서 일어납니다. 성서의 이야기를 읽고 성찰함으로써 공동체는 자신이 같은 관계의 틀 안에 속해 있음을 깨닫습니다. 공동체는 하느님이 초대하시고 영감을 불어넣으셨던 모든 사람과 지금 여기서 우애를 나누며 살아갑니다. 주일에 모인 회중 가운데는 눈에 보이지는 않으나 아브라함, 모세, 에제키엘 등 수많은 이가 우리 곁에 함께 서 있습니다. 우리는 전설과 서사시로 전해지나 정말로 실재하며 오늘날까지 이어져 내려오고 있는, 그 연원을 헤아릴 수조차 없이 오래된 언약의 백성에 속한 일원입니다. 오늘날 우리가 나누고 있는 삶은 헤아릴 수조차 없는 먼 과거, 청동기 시대 또는 그보다 더 먼 과거에 살았던 불확실하고 어두운 중동 유목민의 역사 속에서 하느님의 부름을 받았던 이들의 삶과 연결되어 있습니다. 우리는 그들과 같은 삶을 나누고 있습니다. 이것이 거룩한 백성 사이의 나눔입니다.

이 때문에 그리스도인들은 성서를 두고 지금 여기를 향한 '하느님의 말씀'이라고 합니다. 회중 한가운데에서 성서가 낭독될 때 하느님의 말씀이 선포되고 우리는 귀를 기울입니다. 이 자리에서 하느님은 우리에게 우리의 역사와 정체를 말씀하십니다. 마르틴 루터는 성서에 관하여 de te loquitur 즉 "당신에 관한 말이다"라고 했습니다. 이러한 의미에서 성서는 언제나 우리가 누구인지를 알려주는 척도로서 성사와 나란히 서 있습니다. 교회가 빵과 포도주를 나눔으로써 진정한 교회가 되듯, 교회는 말씀을 들음으로써 자신이 무엇인지를 드러냅니다.

성서에 관한 그리스도인들의 일부 오해를 바로잡기 위해 이것을 잠시 언급하겠습니다. 우리가 종종 말하듯 성서는 하느님의 말씀입니다. 그러나 성서가 하느님의 말씀인 이유는 그것이 인류 역사에서 하느님에 대한 가장 중요하고 중심적인 증언이기 때문이 아닙니다. 그러한 증언에 해당하는 이는 예수 그리스도입니다. 성서가 하느님의 말씀인 이유는 성서에 예수 그리스도에 관한 가장 중요한 증언이 담겨 있기 때문입니다. 신앙인들의 공동체에서 성서를 읽을 때 성령은 성서를 통해 우리를 향한 하느님의 부르심을 일깨웁니다. 바꾸어 말하면 성서는 태양 아래 만물에 대한 확실한 정보를 초자연적으로 알려주는 어떤 마술적인 책이 아닙니다. 성서가 '영감'을 준다는 것은 성령이 성서를 매개로 삼아 역사하여 우리의 정신과 마음에 예수가 생생히 현존하고 예수가 건네는 초대와 도전에 우리가 직면하게 된다는 것을 의미합니다.

개신교 전통의 그리스도인들은 성서를 사적으로 읽어야 할 가장 중요한 책으로 생각하는 경향이 있습니다. 이것은 개인들이 사적으로 성서를 읽는 것을 장려하지 않던 종교개혁 당시 상황을 고려하면 이해할 수 있는 반응입니다. 당시 사람들은 사제 전문가 집단이 성서에 대해 말하는 것에 전적으로 의존해야 했습니다. 그렇더라도 이러한 반응은 다소 과하다고 할 수 있습니다. 초대교회에서부터 성서는 공동체 안에서 읽힌 책이었습니다. 구약성서는 유대교 회당에서 읽혔으며 초기 그리스도교 시기에는 소수의 사람만이 손으로 베낀 수십 개의 두루마리를 소장할 수 있었습니다. 우리는 성서를 표지가 있는 한 권의 책으로 생각하지만, 사람들이 성서를 이렇게 생각하기 시작한 것은 교회 역사에서 비교적 최근의 일입니다. 그리스도교 초창기에서 중세 초기에 이르기까지 성서는 기도와 묵상, 그리고 묵상을 통한 해석을 위해 공동체 안에서 모두가 함께 읽는 책들의 모음집이었습니다. 중세 후기에 이르러 성서가 작은 단편들로 쪼개진 것이 문제였습니다. 당시 성서 본문은 하느님이 행하신 역사의 과정과 그에 대한 이야기를 소개하고 전하기보다는 특정한 주장들을 정당화하고 증명하는 데 쓰였습니다. 예외도 있었습니다. 이를테면 성 토마스 아퀴나스는 성서에서 가장 중요한 것은 그 문자적 의미와 하느님을 만난 인간의 이야기라고 강하게 주장했습니다. 중세 후기에 유행한 종교극들은 '성서가 전하는 이야기의 전체적인 그림'에 관하여 선별적이지만 매우 강력한 묘사를 제공했습니다. 그러나 전체적으로 이 시기는 성서의 중요성을 제대로 이해하지 못했다고 할 수 있습니다. 게다가 성서가 교회의 현재 모습에 불편한 질문을 던지게 하는 원인이 될 수 있다는 점을 거의 인식하지 못했습니다.

애초에 종교개혁은 성서를 교회의 중심에 되돌려 놓으려는 시도였지 사적인 독자들의 손에 쥐여주려는 시도가 아니었습니다. 성서는 공적인 문서였으며 교회에서 이루어지는 삶의 규범으로 여겨졌습니다. 교회에서 살아가는 이들은 모두 교회의 공통 언어와 교회의 신학과 행위의 기준을 알아야 할 필요가 있었고 그렇기 때문에 모든 신자는 성서에 접근할 수 있어야 했습니다. 16세기 잉글랜드 교회들에서 볼 수 있었던, 쇠사슬에 매여 있는 거대한 성서는 이것을 가리키는 상징이었습니다. 저렴한 비용으로 책을 찍어 낼 수 있을 정도로 급속한 발전을 이룬 인쇄술은 누구나 손쉽게 성서를 사적으로 소유하고 연구할 수 있도록 한 권으로 된 적당한 값의 성서를 만들어 냈습니다. 종교개혁의 지도자들이 성서에 대해 누구나 자기만의 결론을 내리도록 부추기는 움직임이 종교개혁과 연관되어 있다는 사실을 알면 당혹스러워할 것입니다. 그들에게도 성서는 기도와 성찰을 함께 나누는 맥락 안에서 씨름해야 할 텍스트였습니다.

종교개혁 전통에 속한 그리스도인은 자신들 덕분에 모든 이가 성서에 접근할 수 있게 되었다고 자랑스러워합니다. 틀린 말은 아닙니다. 그러나 이제 시급한 것은 성서를 공동체 안에서 여럿이 함께 읽어야 한다는 감각을 회복하는 것입니다. 성서는 그저 어디에서든 집어 들어 읽을 수 있는 책이 아닙니다. 당신의 백성을 빚어내시는 하느님의 활동을 경배하기 위하여 모인 집단을 깨우치는 데 있어 성서는 고유한 역할을 지니고 있습니다. 사적이고 개인적인 성서 읽기는 그다음이며 이것에 의하여 형성됩니다. 나 혼자 성서를 읽을 때조차 그것은 시대를 초월하여 이미 나보다 앞서 성서를 읽어 온 수많은 독자로 이루어진 공동체 안에서 함께 성서를 읽고 있음을 기억해야 합니다. 성서를 읽을 때에는 동시대인들에게서 배우듯 그들에게서 배울 준비가 되어 있어야만 합니다.

덧붙여 말하면 이렇게 볼 때 '성서가 영감으로 쓰여졌다'는 표현이 무엇을 함축하는가에 관한 골치 아픈 질문들을 해결할 실마리를 찾을 수 있습니다. 성서가 표지가 있는 한 권으로 된 가장 중요한 책, 본질적으로 근대의 책, 개인이 읽기 위한 책이라면 그것에 담긴 내용이 신뢰할 만한지 여부에 동요할 수 있습니다. 이때 성서에 담긴 영감은 역사와 과학의 세세한 검증을 받으며 그것이 지닌 명백한 정확성을 자기 스스로 증명하고 변호해 내야만 합니다. 만약 이런 면에서 성서가 정확하다고 드러나지 않는다면 성서 전체의 신뢰도가 영향을 받습니다. 그러나 성서가 교회를 갱신하고 변환하기 위하여 성령이 일관되게 사용하는 글들의 모음, 교회가 자신의 진실성을 검증하기 위해 함께 만나고 고민하는 가운데 지속적으로 참고하는 그 무엇이라면 성서가 근대의 역사와 과학의 기준에서 완전히 정확한지 여부는 덜 중요해집니다. 창세기는 현대의 우주학자가 설명하는 방식으로 세계가 어떻게 시작했는지 말하지 않습니다. 그러나 창세기는 하느님이 우리가 알기를 원하시는 것, 우리가 오로지 하느님의 사랑과 자유로 만들어졌음을 말해 줍니다. 다니엘서는 우리가 알고 있는 바빌로니아의 역사와 어긋날 수도 있을 것입니다. 그러나 다니엘서는 폭압적이고 하느님을 두려워하지 않는 제국에서 신앙인이 반드시 지켜야 할 자세와 하느님이 우리가 알기를 원하시는 것이 무엇인지를 말해 줍니다. 실제 사건과 사건에 대한 이야기가 쓰인 시점에 큰 차이가 나지 않는 복음서 이야기들에 대해서 우리는 구약성서를 대할 때와는 다른 입장을 가지고 있지만, 복음서들 사이에 존재하는 세세한 부분들의 차이가 모순을 일으킨다 해도 성서의 의미가 사라지거나 신뢰를 잃지는 않습니다. 복음서의 이야기들은 하느님이 우리가 알기를 원하시는 것이 무엇인지를 말해 줍니다. 예수가 환전상들을 성전 밖으로 쫓아냈던 사건은 예수의 공생애 초기에 일어났는가, 마지막에 일어났는가? 요한의 복음서는 초기라고 하고 다른 복음서는 다르게 말합니다. 그러나 그 이야기가 지닌 힘은 같습니다. 그것은 de te loquitur, 즉 당신에 관한 말입니다.

이 장에서 저는 원만한 결혼 생활을 떠받치는 에너지처럼 교회라는 공동체의 내적 에너지, 핵심 정신이 무엇인지를 설명하려 했습니다. 또한 말씀과 성사를 통하여 우리가 누구인지를 듣고 그 경험을 함께 나누는 순간이 필요한 이유와 더불어 잠시 동안이라도 우리가 진정으로 되어야 할 그 모습으로 되는 순간이 있음을 다루었습니다. 이 모든 것을 간추려서 니케아 신조는 교회를 "하나이고 거룩하며 보편적이고 사도적"이라고 기술합니다. 교회는 '하나'입니다. 하느님의 부르심은 하나이며 동일하기 때문입니다. 하느님의 아들은 한 분이시며 동일하십니다. 하느님의 성령도 하나이시며 동일하십니다. 우리가 하나인 이유는 서로가 어느 정도 만족할 만한 수준의 합의를 이루었기 때문이 아니라 우리 모두가 하느님 아버지와 맺는 하나의 관계로 하나의 초대를 받았기 때문입니다. 이 하나 됨은 언제나 매우 다양한 방식으로 표현되나 그렇다고 중구난방으로 이루어지지는 않습니다. 셀 수 없이 다양한 방식으로 나타나시나 오직 한 분이신 그리스도를 발견하는 법을 우리는 배워야만 합니다. 또다시 음악에 빗대어 말하자면, 우리는 모든 변주 가운데 흐르고 있는 하나의 기본 선율을 들을 수 있어야 합니다. 교회가 '거룩하다'는 것 역시 마찬가지입니다. 거룩함은 우리가 무엇을 성취하느냐가 아니라 그리스도와의 관계 안에 있느냐에 달려 있습니다. 우리는 예수가 서 있는 거룩한 장소에 서 있기 때문에 거룩합니다. 성부 하느님을 향한 사랑과 경배 안에서 자기 자신을 내어 놓으시는 성자 하느님이 계신 천상의 나라에 우리는 뿌리를 두고 있습니다. 요한의 복음서에서 예수는 말합니다.

내가 있는 곳에는 나를 섬기는 사람도 같이 있게 될 것이다.(요한 12:26)

우리가 있게 될 예수가 있는 곳이란 성부 하느님의 바로 곁입니다. 우리의 삶이 예수의 삶에 사로잡힐 때 그곳이 바로 우리가 속한 곳입니다. 이것이 우리가 '거룩한' 이유입니다.

또한 교회는 '보편적'catholic입니다. 이 단어는 분명히 '모든 것을 아우른다'는 의미를 갖고 있지만 그 이상의 울림을 자아냅니다. '보편적'이라는 말은 지리나 지역에 관한 용어가 아닙니다. 예루살렘에 있는 단 12명의 사람들로 이루어졌던 교회도 '보편적'이었습니다. 4세기의 어느 작가는 보편적이라는 것은 교회가 인류 전체, 모든 인간을 향한 총체적인 진리를 말한다는 것을 의미한다고 설명했습니다. 그리스어로 이 말은 '일반적으로 적용되는 것'을 의미했습니다. 따라서 '보편적'인 교회란 언제나 총체성과 관련되어 있습니다. 가톨릭 교회 즉 보편 교회는 자신의 신앙이 간직한 보화들을 온전히 지켜내면서도 다양한 인간 경험과 문화, 개인 전체와의 연관 속에서 모든 이에게 그들이 저마다 사용하는 언어로 동일한 진리를 말할 수 있는 능력을 지니고 있다고 확신합니다. 교회 안에는 많은 긴장이 존재합니다. 무엇이 제대로 된 토착화인지 무엇이 시류에 편승하는 또는 그저 쉬운 길을 택하는 것인지 언제나 명확하게 구별하기 어렵기 때문입니다. 이것은 전혀 새로운 문제가 아니며 교회의 초창기 때부터 있었던 문제입니다. 보편 교회가 된다는 것은 이러한 긴장 속에서도 진실성을 유지하며 진리를 식별하는 어려운 일을 감당할 준비를 갖추는 것입니다.

'사도적'인 교회란 우리보다 앞서 가장 먼저 세상 속으로 파송(이것이 '사도적'이라는 단어가 의미하는 바입니다)된 예수의 제자들이 있었기 때문에 우리가 여기 있다는 사실을 가리킵니다. 인간적인 견지에서 말하자면 우리가 믿음을 가질 수 있는 까닭은 우리가 아닌 다른 이들이 지금 우리가 있는 이 자리를 위해 수고를 감내했고 예수와의 관계 안으로 우리를 초대해 주었기 때문입니다. 우리는 그들과 우리가 연결되어 있음을 기념합니다. 그러나 사도적이란 말은 그저 과거를 돌아보는 것만을 뜻하지 않습니다. 가끔 그렇게 오해하기도 합니다만, 사도성을 지닌다는 것은 제자들과 같은 사명을 오늘날 공유할 때 찾아오는 도전, 사람들에게 다가가 그들이 들어올 수 있도록 초대하는 가운데 감수해야 할 도전을 인식하는 것입니다. 사도란 사절이자 대변인, 다른 누군가를 대신하여 파송된 사람입니다. 우리는 우리 자신이 아닌 예수를 위해 말하는 법을 배워야 합니다. 우리는 사절이 되어야 합니다.

그리스도교 공동체들의 실제 역사를 볼 때 이러한 교회의 특징은 드문드문 눈에 띌 따름입니다. 그러나 교회에 관한 이러한 정의를 우리는 믿습니다. 교회가 어떤 모습으로 있는지에 대한 충분한 증거들을 가지고 있어서가 아니라 예수에 관해 우리가 믿는 바가 있기 때문입니다. 교회에 관해 우리가 말하는 모든 것은 예수에 관한 것이라는 사실이 중요합니다. 교회 안에서, 우리는 예수의 삶과 실재를 말합니다. 그리고 이것은 교회가 얼마나 잘하는가 못하는가에 달려 있지 않습니다. 그렇기에 교회는 우리가 누구이며 무엇인지에 관한 참된 핵심을 담은 곳으로서 언제나 그곳에 있다고 우리는 말할 수 있습니다.

교회를 가장 간단히 정의하는 방법은 이 세상에서 예수의 활동을 눈으로 볼 수 있는 공간이라고 정의하는 것입니다. 일단 이렇게 말하고 나서 우리는 말을 바꾸어 예수의 활동을 눈으로 볼 수 있는 곳이라면 어디든 그곳은 교회에 아주 가까운 곳이라고도 말할 수 있습니다. 이것은 눈에 보이는 교회, 그곳에서 이루어지는 성사와 가르침이 중요하지 않다는 말이 아닙니다. 눈에 보이는 교회의 경계 바깥을 바라봄으로써 교회 안에서 가장 중요한 것이 무엇인지에 관하여 배울 수 있음을 인식하려는 것입니다. 진정한 용서와 담대한 희망을 보여 주는 행동을 볼 때 우리는 "그래 저거야. 저것이 내가 말하는 교회, 교회가 하는 일이야"라고 말할 수 있습니다.

한편, 우리가 속한 현재 교회의 상태를 보고 흐트러진 우리 자신의 모습을 향해 곤란한 질문을 던질 수도 있습니다. 그때 우리는 중심이 되는 것들, 성서와 성사, 여전히 공동체의 중심이자 생명이신 그리스도에게 돌려보내져 우리 자신의 모습을 참회할 수 있습니다. 복음이 지닌 새로움과 그리스도가 지닌 능력은 언제나 교회가 그어 놓은 경계의 제한을 받지 않으며 언제나 교회 바깥으로까지 넘어갔다가 예기치 않은 영역에서 돌아와 교회에 도전을 줍니다. 성령은 모든 사람이 그리스도와 같이 행동하고 관계 맺을 수 있도록 이끄시며 창조를 진행하십니다. 때로 성령은 '하느님과 당신의 백성들 사이에 맺어진 계약과는 전혀 무관한 방식'을 통하여 세상을 꿰뚫고 들어오십니다. 우리는 반드시 이것을 겸허히 인정하고 배워야만 합니다. 많은 사람이 인간의 존엄성과 양심의 자유에 해당하는 문제들, 정치적 폭압 속에서 벌어지는 문제들, 그리고 여성의 지위에 대한 문제들과 관련해 오늘날 그리스도인들이 문제시하지 않는 것을 우려하고 있습니다. 우리는 이를 인정해야만 합니다. 이러한 문제들은 교회 바깥에서부터 광범위하게 교회를 압박하고 있습니다. 교회가 틀렸고 세속 사회가 옳다는 말이 아닙니다. 그리스도교 고유의 언어와 실천에 담긴 기초적이면서도 근본적인 의미를 놓쳐 왔음을 우리가 깨달아야 한다는 것입니다.

그러니 교회의 본질을 깨닫는 순간을 말할 때 그 순간은 교회 밖에 있는 이들과 그들의 활동으로 일어날 수 있음을 우리는 인정해야만 합니다. 자신의 종을 살려 달라고 간청하는 로마 백인대장에 관해 말하면서 예수는 이스라엘 어디서도 그와 같은 온전한 믿음을 본 일이 없다고 말했습니다. 물론 새로운 공동체의 일원으로서 당신을 따르라는 예수의 분명한 부름과 예수에 관한 주된 이야기들을 우리가 알지 못한다면 그 모든 순간은 무작위로 일어나는 것처럼 보이거나 무의미해 보일 것입니다. 따라서 우리에게는 자신이 지닌 풍요로움에 완전히 도달한 교회의 이야기들이 여전히 필요합니다. 1920년대 어느 기자는 소비에트 연방에 다녀온 뒤 "나는 미래를 보았고 그곳은 잘 되어 가고 있다"고 말한 적이 있습니다. 그것은 말도 안 되는 실수였습니다. 그러나 우리는 가끔 하느님의 은총으로 "나는 교회를 보았고 그곳은 잘 되어 가고 있다"라고 말할 수 있습니다. 우리 모두가 그런 예들을 보았을 것이라, 그리고 볼 것이라고 저는 믿고 바랍니다. 제가 이렇게 말할 수 있도록 도움을 주었던 몇 가지 예를 들겠습니다.

새천년으로 돌아가, 부채 탕감을 위한 '주빌리 2000' 캠페인이 절정에 이르러 영국 버밍엄에서 거대한 시위가 열렸습니다. 그곳에는 G8 국가들의 경제 실세들이 모여 있었습니다. 남부 웨일스에 있는 제 교구에서도 버스 두 대에 사람들을 가득 실어 참가했습니다. 거기서 저는 로마가톨릭, 오순절파, 극좌에서 극우에 이르는 다양한 그리스도교 지체들이 거리에 있는 모습을 보았습니다. 그때 다른 이들처럼 저도 "나는 교회를 보았고 그곳은 잘 되어 가고 있다"라고 말할 수 있었습니다. 그리스도의 이름으로 이루는 정의를 향한 진정한 갈망과 목마름이 보기 드문 연합을 이끌어 냈습니다. 그 연합의 유일한 관심은 자신들의 믿음에 더 깊이 나아가는 것, 하느님 나라를 향한 부르심에 응답하는 것, 하느님의 공의를 해치는 것들에 저항하는 것이었습니다.

남부 웨일스 론다밸리 변방에 있는 언덕가의 공영주택 부지 펜리스를 봅시다. 그곳은 온갖 사회 문제가 들끓는 카디프 인근 도시에서도 가장 힘겹게 사는 가족들이 마지막으로 가는 곳이었습니다. 지방자치단체들은 막다른 곳에 몰린 이들, 십대 미혼모, 장기 실업자들을 기본적인 사회 설비조차 되어 있지 않고 퇴락한 집들만 있는 그곳으로 추방했습니다. 1980년대, 연합개혁교회에서 은퇴한 한 성직자는 자신의 아내와 함께 펜리스로 이사하기로 결심했습니다. 그들은 공영주택 두 채를 사서 한 집에서는 둘이 살고 다른 한 집은 상담 센터, 중고 옷 가게, 예배 공간을 결합한 건물로 개조했습니다. 공간은 간단한 가구, 이콘과 촛불이 있는 편안하고 조용한 장소로 훌륭하게 탈바꿈했습니다. 이 공간은 아무 조건 없이 누구나 들어와 그저 침묵 속에 머무를 수 있는 곳이었습니다. 차츰 지역 사람들은 그 가게에 갈 때면 '교회'에 들른다고 말하며 '예배당'을 쓰는 것에 대하여 이야기했습니다. 이것은 잘못된 구분이 아닙니다. 그 건물 전체는 분명히 교회, 예수의 활동을 눈으로 볼 수 있는 공간이었기 때문입니다. 오랜 시간이 지나고 지방 자치단체가 무너진 환경에서 사람들을 이주시키기 전까지 그 교회는 지역 보건 센터를 여는 데도 공헌했습니다. 이 공동체는 매우 단순하게, 인간의 존엄성과 사람을 돌보는 데 초점을 맞추었습니다. 신뢰할 만한 근거가 보이지 않는 곳에서 신뢰를 두는 것에 초점을 맞추었습니다. "저는 교회를 보았습니다."

제가 세 번째로 드는 예에서도 핵심은 신뢰입니다. 최근 몇 년간 태평양에 있는 솔로몬제도는 다른 섬사람들 간에 일어나는 폭력의 급격한 증가로 문제를 겪었습니다. 그곳은 성공회에서 가장 독특한 수도회인 멜라네시아 형제회의 요람이기도 했습니다. 그곳의 문화에 온전히 헌신하며 뿌리내린 멜라네시아 형제회는 혁신적인 영성을 지니고 있었습니다. 섬들끼리 갈등이 생길 때 형제회는 다양한 파벌의 신뢰를 유지하는 한 그룹이었습니다. 화해를 위한 그들의 활동은 매우 중요했고 시종일관 용감했습니다. 2003년 형제들 중 7명이 한 파벌에 인질로 잡혀가 이내 냉혹하게 살해당했습니다.

형제들의 죽음은 평화를 향해 나아가는 데 있어 뼈아픈 깨달음을 주었습니다. 모든 섬 전체가 형제들을 신뢰와 사랑을 지닌 이들로 여겼기 때문입니다. 이 사건은 앞에서 들었던 사례들보다 교회의 본질에 대한 근본적인 무언가를 더 잘 보여 줍니다. 교회가 지닌 능력은 사적인 이익에 대한 관심 없이 하느님에게서만 찾을 수 있는 평등과 당파성을 배제한 사랑을 반영하는 공동체로 나타나고 또 나타내야 합니다. "저는 교회를 보았습니다."

　초대교회 시기, 한 사막 수도사가 2세대의 모습을 바라보며 서글픈 말투로 말했습니다.

나는 수도사가 아니다. 그러나 나는 수도사들을 보았다.

그는 자신이 타협하는 분위기 속에서 살아가고 있음을 알아차렸습니다. 열정으로 타오르던 1세대 사막 수도사들의 불꽃은 사그라들었습니다. 비록 자기 자신의 삶은 그 이상에서 멀어졌더라도 진정한 수도사가 어떤 모습이었는지 그는 알고 있었습니다. 꼭 그처럼, 교회에서 이루어지는 성사에 참여하고 성서에 꾸준히 귀를 기울일 때 우리는 교회를 봅니다. 설령 다음날 우리가 더는 교회로서의 모습을 드러내지 못하고 그렇게 살아가지도 못한다고 느낄지라도 우리가 교회를 보았다는 사실에는 변함이 없습니다. 펜리스의 공동체나 멜라네시아 형제회의 이야기를 들을 때 비록 그 모습이 내가 속한 지역 교회의 안락한 또는 혼란스러운 모습과 멀리 떨어져 있는 것처럼 보일지라도 우리는 말할 수 있습니다. "네. 우리는 교회를 보았습니다." 이러한 예시들에서 우리는 죄책감을 느낄 것이 아니라 감사와 희망을 느껴야 합니다. 하느님은 교회를 교회답게 빚어내는 일을 멈추지 않으십니다.

　똑같은 일이 성사와 섬김의 삶을 통해 이루어집니다. 이것이 하느님의 목적을 따르는 세계가 향하는 곳입니다. 이것이 미래, '평화로운 나라'의 표지입니다. 평화로운 나라는 온 인류와 물질세계가 하느님의 영광을 분명하게 드러내는 상태에 이르도록 다양한 인간 현실과 인간이 아닌 피조물들이 만들어 내는 현실을 하느님이 인도하시고 빚어내시고 이끌어 내시는 왕국입니다. 실패하고 분열하고 타협할 때 교회는 하느님의 미래를 위해 존재한다는 자신의 신념을 잃게 됩니다. 교회가 온전히 교회다워지는 때는 특정한 인간적 성공을 성취하거나 고결한 행동을 하거나 경건하고 거룩한 개인을 많이 길러 낼 때가 아닙니다. 하느님의 미래를 투명하게 비추어 보일 때, 그리하여 예수의 생명 안에 거한다는 것을 투명하게 비출 때 교회는 온전히 교회다워집니다.

이 모든 것은 신조의 마지막 대목으로 우리를 이끕니다. 하느님이 뜻하시는 미래는 무엇입니까? 하느님의 뜻에 협력하기 위해 우리는 무엇을 해야 합니까? 그 뜻을 방해하는 것은 무엇입니까?

6.

진실로, 사랑

• 죽은 이들의 부활과, 후세의 영생을 믿고 기다립니다. •

성령 안에서의 삶은 다른 이들과 함께하는 가운데, 살아 있는 예수가 거하는 삶을 의미합니다. 이 삶은 성령에 힘입어 서로가 서로를 향해 예수가 열어젖힌 약속과 가능성을 내어 주는 삶입니다. 그러므로 바울이 말한 것처럼 "성령이 이루어 주시는 친교"가 일어나는 교회는 모든 이가 예수의 실재에 '복무하는' 하나의 실재입니다. 한 사람 한 사람은 공동체를 향한 그리스도의 활동을 담아내는 통로가 됨으로써 온전한 자신이 됩니다. 여기서 공동체는 믿는 이들의 공동체뿐만 아니라 전체 피조물의 공동체까지를 아우릅니다.

교회를 이 세계 안에서 예수의 활동을 눈으로 볼 수 있는 곳이라고 말하는 것은 교회가 이 세계를 향해 예수의 얼굴을 드러낸다고 말하는 것, 동시에 교회 안의 삶을 통하여 믿는 이들 사이에 흐르는 예수의 삶과 생명을 자신의 몸으로 체화한다고 말하는 것과 같습니다. 이 지점에서 우리는 좀 더 나아갑니다. 교회는 예수의 삶과 생명이 생동하는 모습을 눈으로 볼 수 있는 곳인 동시에 성 삼위일체의 삶과 생명이 생동하는 모습을 눈으로 볼 수 있는 곳이기도 합니다. 성령은 우리 안에 그리스도가 살아 있게 하며, 이때 우리의 삶은 그리스도의 삶이 그러듯 하느님 아버지를 향해 경배하고 자신을 내어 주게 됩니다. 예수의 삶이 지니고 있는 하느님 아버지를 향한 철저한 지향성을 무시한다면 우리는 교회에서 가장 중요한 부분을 전혀 이해할 수 없게 됩니다. 이는 지난 1960년대에 일어났던 '신 죽음' 운동의 가장 기이한 면이기도 했습니다. 이 운동은 예수와 예수가 선포한 '가치들'에 깊이 헌신한다고 주장하면서 정작 가장 중요한 "아바, 아버지"이신 분과 예수의 관계에 대해서는 회피하려고 했습니다. 예수를 흠모하고 존경하며, 예수를 닮고자 한다고 말하면서도 초월적인 하느님에 대해서는 받아들이기 어려워하는 사람들 또한 같은 문제를 지닙니다. 예수의 이야기에서 절대적이고 신비하신 분과 예수가 맺는 관계는 결정적입니다. 예수는 바로 이 신비에서 세상 속으로 들어옵니다. 이 관계는 때로는 어둡고 고통스러운 모습을 띠기도 합니다. 그러나 이 관계는 예수의 이야기에 있어서 언제나 결정적이며 이야기 전체를 가득 채우고 있습니다. 예수의 이야기에서 이 관계를 배제하는 것은 불가능합니다.

교회 안에 있다는 것은 예수가 우리를 위해 드러내는 신적인 삶과 생명 한가운데 있음을 뜻합니다. 예수가 우리에게 알려주는 신적인 삶이란 삼중으로 이루어지는 사랑의 리듬 즉 흘러넘치는 것, 되돌려 주는 것, 함께 나누는 것이며, 은총의 선물, 응답 그리고 서로에게 아낌없이 내어 주는 가운데 새로워지는 것입니다. 이 삼중으로 이루어지는 사랑의 리듬이 성부와 성자와 성령의 삶이자 그 삶을 지탱하는 생명입니다. 예수의 제자로 살아가려 노력할 때 이 리듬은 물결처럼 우리를 휘감을 것입니다. 예수를 따르는 삶이란 과거에 있었던 아득한 한 인물을 따르는 것이 아니며 현재에 있는 어렴풋한 한 인물에 그저 복종하는 것도 아닙니다. 예수의 제자가 된다는 것은 우주를 떠받치고 있는 저 리듬에 참여하는 것입니다. 교회 안의 삶을 생각할 때 우리는 하나의 모임에 등록한다는 관점보다는 신적인 사랑이 역사하는 절대적인 창해滄海 안으로 들어간다는 관점을 취해야 마땅합니다. 이러한 관점은 우리가 기도할 때 어떠한 일이 일어나는지 좀 더 정확히 생각하는 데도 도움을 줍니다.

교회가 있는 곳에서 성스러운 삼위일체의 활동이 눈앞에 드러납니다. 최근의 신학에서 많은 이가 교회는 '삼위일체의 형상'이라는 생각을 전개하고 있습니다. 이러한 생각은 교회를 하나 됨과 여럿 사이의 균형으로 바라보는 매우 유익한 방식입니다. 이러한 관점에서 바라볼 때 하느님의 활동이란 다양한 방식이 함께 엮이는 가운데 이루어지는 것이며, 교회는 그 엮임에서 분리될 수 없다는 의미에서의 하나 됨을 드러내는 곳으로 드러납니다. 교회는 나의 정체성이 언제나 내가 관계 맺는 타자와의 엮임에 절대적으로 달려 있음을 보여 주는 밑바탕입니다. 하느님의 생명 안에서는 여럿에 앞서서 하나 됨이 있다고 말할 수 없고 조화에 앞서서 다양성이 있다고 말할 수도 없습니다. 하나 됨과 여럿, 조화와 다양성은 완전히 동시에 있습니다.

이처럼 교회를 여럿이면서 하나를 이루는 삼위일체의 형상으로 보려는 생각과 이미지는 유익합니다. 다만 저는 하느님과 교회를 동일선상에 두면서 양자 모두 '친교'를 이루는 삶의 예라는 생각을 경계하고자 합니다. 교회 안에서 이루어지는 우리의 삶은 우리가 하느님이라는 영원한 실재 안으로 이끌려 들어가기에 가능하다는 점을 분명히 해야 합니다. 교회 안에서 우리가 서로 이루는 친교, 우리와 다른 피조물이 이루는 친교는 성령이 우리를 기도 가운데 예수가 아버지 하느님과 이루는 관계의 핵심으로 이끌고 들어갈 때 주어지는 선물의 결과입니다. 삼위일체의 형상으로서 교회가 여럿이면서 하나를 이룬다는 생각은 하느님은 세 인격이 이루는 친교이고 교회는 수억의 인격들이 이루는 친교라는 말이 아닙니다. 교회 안에서 인간들이 이루는 친교는 하느님이라는 다름 안에 있는 절대적인 일치 안으로 언제나 점점 더 깊이 빠져들어 갑니다. 그러나 이 다름 안에 있는 일치는 언제나 우리의 이해 너머에 있습니다. 삼위일체 하느님의 세 위격은 결코 인간의 인격보다 조금 더 크거나 나은 像으로 생각할 수 없습니다.

여기서 우리가 말하는 교회에 관한 기본적인 진리는 명백합니다. 교회에서 이루어지는 삶은 오로지 예수 그리스도만을 가리키지 않습니다다. 교회에서 이루어지는 삶은 앞서 말한 저 리듬, 사랑과 활동이 서로 엮이며 만들어 내는 매듭, 그 매듭 안에 서 있는 예수, 하느님이라는 삼중의 생명을 가리킵니다. '진실한, 사랑', 여기서 자기애 없는 신적 사랑과 선물의 영원한 실재가 이 세계에 그 모습을 드러냅니다. 이 모습은 교회가 벌이는 '일'을 통해서는 잘 드러나지 않습니다. 오히려 그런 일들은 민망하리만치 정반대의 모습을 보이기도 합니다. 교회는 그 의례와 언어를 통하여, 자신이 믿는 바를 표현함으로써 삼위일체 하느님에게 속한 참된 사랑을 드러냅니다. 성찬례 안에서, 하느님의 말씀을 듣고 받아들이고자 모인 사람들 안에서, 버밍엄과 론다와 멜라네시아 또는 어느 곳이든 그 공동체가 지닌 신실함 안에서 하느님의 참된 사랑이 드러날 때, 주의 기도를 통한 우리의 간구는 응답받습니다.

아버지의 뜻이 하늘에서와 같이 땅에서도 이루어지게 하소서.

과감하게 말하면 교회에서 우리가 보는 것은 천국, 하느님 나라입니다. 교회는 그 뿌리를 하느님 나라에 둡니다. 교회의 진정한 정체, 교회가 머무르는 장소는 하느님 나라입니다. 이 때문에 바울은 필립비인들에게 보낸 편지에서 그리스도인은 하늘에 시민권이 있다고 썼습니다(필립 3:20). 앞선 3장에서 저는 예수가 사람들을 새로운 세계의 시민으로 초대한다고 말한 바 있습니다. 교회가 참된 교회가 될 때 하느님 나라는 그 모습을 드러냅니다. 이러한 생각은 우리의 직감을 거스를지 모릅니다. 그러나 바로 이것이 성서가 제시하는 교회의 모습입니다. 교회가 하느님 나라를 세상에 드러낼 때는 구체적이고 실질적인 지상의 일들에 애쓰기를 멈출 때가 아닙니다. 교회가 이 땅을 변혁하는 일에 진실로 헌신할 때 하느님 나라는 이 세상에 가장 분명하게 그 모습을 드러냅니다.

10세기 러시아 그리스도인들의 회심을 다룬 오래된 이야기가 있습니다. 키예프 대공의 사절단이 여러 나라를 방문하며 각각의 지역 종교를 살펴보았습니다. 콘스탄티노플에 도착해 성소피아 대성당에서 드리는 예배에 참석한 뒤 그들은 말했습니다.

우리가 하늘에 있는 건지 땅에 있는 건지 알 수 없었다.

맞는 말입니다. 그들은 교회를, 그리고 교회가 제대로 기능하는 모습을 보았습니다. 그때 그들은 천국에 있었습니다.

이것은 왜 신조들이 교회에 대한 믿음을 표현하는 데서 부활과 영원한 생명을 확신하는 데까지 나아가는지를 설명하는 데 도움을 줍니다. 오직 평화와 찬미에 우리가 익숙해지도록 할 때, 만물이 거룩한 삼위일체 하느님의 생명으로 빚어지고 그 생명으로 충만하게 되는 대기

속으로 우리를 인도할 때만 교회는 의미가 있습니다. 그러니 교회에 관한 믿음에서 우리의 최종 운명에 관한 선언으로 넘어가는 것은 자연스러운 일입니다. 그러나 이때 신조가 우리에게 선언하도록 요구하는 것은 일반적으로 생각하는 '영원한 생명'이나 '불멸성'이 아닙니다. 사도신경에서 가장 놀라운 점은 우리가 "몸의 부활"을 믿는다고, 좀 더 원문에 충실하자면 '육체의 부활'을 믿는다고 고백한다는 사실입니다. 우리가 종교를 '죽음 이후의 삶'을 믿는 것이라고 막연하게 생각한다면 그리고 여기서 마치 어릴 적 만화에 나오듯 죽은 이가 다시 살아나 하늘로 떠올라 가는 장면을 막연하게 떠올린다면, 이 구절은 충격적으로 다가옵니다. 우리 대다수가 그러합니다. 영원한 미래를 얻기 위해 털과 지방과 뼈로 이루어진 특정한 덩어리가 정말로 우리에게 있어야 합니까? 육체의 부활이라는 섬뜩한 표현을 이해할 수 있는 단서가 어딘가에 있지 않을까요?

"몸의 부활"은 현대의 사조에서 가장 납득하기 어려운 교리입니다. 우리는 가공할 정도로 물질주의적인 사회에서 살아갑니다만 정작 몸에 대해서 당연히 가져야 할 존중은 보이지 않습니다. 우리는 몸을 그저 정신과 의지로 만들어진, 정체성을 위한 외피로만 상상합니다. 이 때문에 우리는 태아에 관해 아주 잘못된 생각을 하고 있습니다. 우리는 태아를 정신이나 의지라고 부를 만한 것이 전혀 없는, 육체만을 지닌 인간적 유기체로 규정하고서 그것은 통상적인 '인권'을 가질 수 없다는 결론으로 비약합니다. 그리스도교 신앙은 하느님이 물질적인 몸을 입고 물질적인 몸들로 이루어진 이 세계 안으로 우리를 만나러 오셨다고, 물질적인 요소들, 물질적인 몸을 지닌 사람들을 사용하여 당신이 누구시고 무엇인지를 계속해서 전달하고 계신다고 말합니다. 따라서 우리는 물질적인 삶을 제쳐 놓은 채 결코 하느님과 함께하는 영원한 생명을 생각할 수 없습니다. 성서는 하늘에서 하느님과 함께하는 영원한 생명을 거의 말하지 않습니다. 도리어 성서는 마지막 책에 나오듯 창조세계의 갱신, "새 하늘과 새 땅"에 관해 더 많이 이야기합니다. 하느님과 함께하는 영원한 삶은 지금 우리가 살고 있는 이 세계와 무언가 공통점을 가지고 있는 듯합니다.

여기서 문제는 어려워집니다. 새로운 세계를 그리는 우리의 상상력은 우리가 살기를 욕망하는 세계에 머무르기 마련입니다. 우리가 그리는 새로운 세계의 이미지들은 너무나 자주, 민망할 정도로 진부하게 나타납니다. 성서에 담긴 진정한 의미를 찾아냈다고 주장하는 일부 종파의 주장이 담긴 책자들에 있는 새 하늘과 새 땅의 그림을 보십시오. 뼈아픈 진실은 그 안에 담긴 그림들이 유행에 뒤떨어진 잡지에 실린 휴양지 사진과 흡사하다는 것입니다. 영원한 생명에 관한 생각에 이르는 길에는 너절한 이미지들과 별다른 중요성이 없는 덫들이 널려 있습니다. 그러나 성서와 신조는 "몸의 부활", 새로운 세계를 말합니다. 어떻게 해야 우리는 저 함정들을 피하면서 전통이 가리키고자 하는 바를 제대로 이해할 수 있을까요?

가장 기본이 되는 원리에서 시작해 봅시다. 우리가 우리 자신일 수 있는 까닭은 우리를 우리 자신으로 존재하게끔 만드는 나름의 사연과 맥락 안에서 살아가기 때문입니다. 인간의 삶은 인간사의 사정과 비인 간적인 환경이 함께 개입하는 가운데 이루어집니다. 우리가 공동체와 맺는 관계, 물질적인 환경과 맺는 관계는 신앙의 삶을 살아감에 있어서 부차적인 요소나 장식이 아니라 본질적인 요소임을 이미 살펴보았습니다. 우리가 거룩하게 되는 것은 타인들, 이 세계를 이루는 사물들과 밀접하게 엮여 있습니다. 우리가 하느님과 맺고 있는 관계는 날마다 반복되는 생활 속에서 우리가 나 아닌 다른 사람들, 사물들과 어떻게 관계 맺느냐에 따라서 눈앞에 드러날 수도 있고 그렇지 않을 수도 있습니다. 그러니 하느님과 함께하는 영원한 생명이란 우리의 육체적 죽음에 이르러 그저 증기처럼 하늘로 사라지는 그런 삶이 아닙니다. 영원한 삶은 여전히 공동체 안에 있는 삶, 그 사연과 맥락을 그대로 지니고 있는 삶, 사람들과 맺은 모든 관계, 사물들과 맺은 모든 관계가 삼위일체 하느님의 삼중적인 사랑 안에 온전히 뿌리내리고, 그 모든 관계 안에서 그 사랑을 온전히 투명하게 드러내는 삶입니다.

하느님은 이것이 무엇을 의미하는지 아십니다. 그러나 우리에게 이것은 신앙이 던지는 도전이자 약속의 본질입니다. 복음은 우리의 어느 한 부분이 아니라 우리의 전부, 우리 존재의 총체를 다룹니다. 복음은 새로운 세계를 약속합니다. 복음은 육신을 입은 구세주의 이야기가 전하는 핵심으로 우리를 이끕니다. 예수가 죽음을 맞이한 후 부활하여 승천하는 이야기에서 물질로 이루어진 구세주의 살과 뼈는 지상에 남겨지지 않습니다. 부활을 통하여 변모한 예수는 여전히 살과 뼈를 지니고 있으며 죽음 이전의 자신이 지녔던 모습과 완전히 다르면서도 동시에 연속성을 지니고 있습니다. 부활과 영원한 생명이 정확히 무엇을 뜻하는지에 대해서는 여전히 많은 이야기가 있습니다. 그러나 무엇을 주장하든 예수의 부활 및 하느님과 더불어 맞이하는 영원한 생명이 전하는 희망의 핵심은 결국 하나의 약속, 그리고 이 약속을 신뢰할 근거입니다. 즉 하느님은 우리를 구원하십니다. 구원이란 우리가 우리 자신으로 존재하기를 중지하는 것, 공동체와 나름의 관계를 맺으며 나름의 사연을 만들어 온 자신의 삶에서 완전히 단절되어 전혀 다른 정결한 무엇이 되는 것이 아닙니다. 하느님의 구원은 그런 방식으로 이루어지지 않습니다. 죽음 속에서도 우리를 붙잡고 계시는 하느님은 특별히 보존되는 우리의 '불멸하는' 부분만이 아니라 우리 자신을 이루는 그 모든 면을 하나도 남김없이 다 붙잡고 계십니다. 하느님과 함께하는 영원한 삶이란 우리가 지금 알고 있는 삶보다 더 추상적이거나 따로 떨어진 삶이 아닙니다.

제라드 맨리 홉킨스는 널리 알려진 시 「자연의 모닥불」Nature's Bonfire 에서 물질 세계의 빠른 변화, 흐름('버섯 모양의 구름, 뜯겨진 풀밭, 내던진 베개들')과 그 안에서 오가는 인간의 삶('또렷하던 / 그의 흔적은 온데간데없이 /

광막함이 앞을 가리며 시간은 모든 것을 쓸어버리네')과 부활의 빛나는 육체를
나란히 놓습니다.

한 순간 요란한 나팔 소리 울리고
그분은 지금의 나와 같으신 분이셨기에,
나는 그리스도가 되신 무엇과 완전한 하나가 되니, 그리고
이 무지렁이, 웃음거리, 볼품없는 질그릇 조각, 누더기, 성냥개비,
영원의 다이아몬드가
한 불멸의 다이아몬드라네.

우리의 현재 삶에서 '불멸의 다이아몬드'는 인간의 본성이 지닌 비
루하고 잡다한 면모들과 분리될 수 없이 밀접하게 엮여 있습니다. 부
활이 도래하면 다이아몬드를 제외한 나머지는 사라지지 않으며 '다이
아몬드'가 모든 것을 포괄합니다. 모든 것이 하나의 다이아몬드로 수
렴되는 것입니다. 다이아몬드는 우리를 이루는 요소 중에 살아남게 될
한 부분이 아닙니다. 이 표현은 인간의 총체적 본성 안에 하느님과 관
계 맺을 수 있는 소중한 가능성이 있음을 암시합니다.

앞서 우리는 '교회를 보는 것'을 하느님 나라, 천국을 내다보는 경
험과 결부지었습니다. 하느님 나라를 내다보는 경험은 매우 중요합니
다. 우리가 정말로 속한 공동체, 우리가 정말로 살아가고 있는 맥락에
관한 본질적인 경험이기 때문입니다. 우리는 천국을 기술할 수 없습니

다. 그러나 천국이 '적어도 무엇보다 못할 수는 없다'고 말할 수는 있습니다. 그리스도교는 영혼의 불멸을 믿지 않는다고 말하면 충격을 받을 사람이 있습니다. 하지만 성서와 전통은 '불멸하는' 삶을 말하면서 우리의 어느 한 부분만을 보존하는 불멸의 존재가 있다고 생각하지 않습니다. 이러한 생각은 우리를 이루는 어느 부분, 손에 잡히는 육체 덩어리에 해당하는 부분에는 미래가 없고 다른 부분, 아련한 영혼에 해당하는 부분에는 미래가 있다고 하는 것과 같습니다. 그렇지 않습니다. 우리는 정신과 육체가 유기적으로 결합되어 있는 하나의 인간으로서 하느님과 함께하는 미래를 맞이합니다. 하느님이 우리에게 주신, 소멸할 수밖에 없는 물질적인 관계 안에 있는 우리의 삶은 고스란히 하느님과의 미래 안으로 수렴됩니다. 죽음이라는 단어의 어원적 의미는 '우리가 상상할 수 없다'입니다. 그러나 '죽음'의 머나먼 저편이라 할지라도, 그 어떤 것도 유실되지 않습니다.

우리의 희망은 우리 존재가 자연적으로 지니는 부분적 특징, 자연적 불멸성을 지닌 영혼과는 아무런 관련이 없습니다. 영혼불멸에 대한 생각은 교회 초기 수백 년 동안 당연시 되었고 이 주제에 관하여 우리가 익숙하게 들어 온 것들에 깊은 영향을 끼쳤습니다. 그러나 성서에서 그리는 희망은 우리 삶의 한 측면에만 연결되어 있지 않습니다. 성서가 말하는 희망은 당신이 창조하신 피조물의 모든 것을 위하여 한결같이 헌신하시는 하느님에 연결되어 있습니다. 초기 그리스도교 세대에 관해 좀 더 공정하게 말하자면, 그들은 영혼불멸을 대체로 추정하면서도 더 커다란 부활의 약속을 단 한 순간도 잊지 않았습니다. 중세 시대에 쓰인 작품들을 읽다 보면 죽음 이후 영원한 심판을 앞두고 몸과 재결합하기까지의 순간을 기다리며 좌절하는 영혼이 나오는 장면이 있습니다. 이런 문제를 정리하기 위해 그 시대 사람들이 고안한 복잡다단한 이론들을 받아들일 필요는 없습니다. 다만 그들은 영원한 삶에 대한 희망을 몸을 벗어버린 혼으로만 이루어진 유령의 희망이 아니라 몸과 영혼을 함께 지닌 인간의 희망으로 이해했음을 우리는 알아차릴 수 있습니다.

다시 한번 강조하지만 이 주제에 접근하는 열쇠는 신뢰할 수 있는 하느님에 대한 믿음입니다. 지금까지 우리가 살핀 모든 내용에 걸쳐서 반복되어 온 주제는 자기가 창조하고 사랑하고 함께 일하기를 바라는, 피조물들을 위해 전적으로 헌신하는 한 신에 관한 이야기입니다. 그 신의 활동과 목적은 전부 우리의 번창과 치유를 향해 있습니다. 이 모든 이야기는 머나먼 죽음 저편에 이를지라도 우리를 절대로 놓지 않는 신의 모습에 완전히 들어맞습니다. 그는 자기가 창조한 피조물 그리고 특별히 예수가 펼친 사랑의 활동 안에서 받아들인 자녀를 절대로 버리지 않습니다. 궁극적으로 그리스도인들이 영원한 생명을 믿는 이유는 불멸적인 요소를 지닌 인간으로서 자기 자신에 대한 무언가를 믿기 때문이 아니라 하느님에 대한 무언가를 믿기 때문입니다. 영원한 삶에 대한 이러한 믿음이 하느님에 대해 알려진 것들에 근거한다면 그리스도인들이 죽음 이후에 '살아남으리라는 증거'를 찾으려고 애쓰거나 초자연적 영역에 대한 탐구에 특별히 신경 쓸 이유가 없습니다. 그러한 탐구는 나름대로 흥미로울 수 있으나 강박적인 불안을 나타내는 징조일 수도 있고 복음이 제기하는 진정한 도전을 흐릴 위험이 있습니다. 이러한 시도들은 영원한 생명을 바라보는 성서의 관점과 별다른 관련이 없습니다. 영원한 삶은 우리에게 예수에 관한 기쁜 소식을 받아들이는 가운데, 지금 여기서 우리 앞에 현현하는 하느님의 진리를 향해 진실한 마음으로 자신을 돌이켜 기쁨으로 응답할 것이냐는 도전을 불러 일으킵니다. 성서가 영원한 생명을 다룰 때 전제하는 것은 바로 이 도전입니다.

진실한 마음으로, 자신을 돌이켜, 기쁨으로 응답하는 것. 이 셋을 함께 갖추기란 쉽지 않습니다. 지금 당장 명백히 우리에게 좋은 소식도 아닙니다. 앞서 우리는 '심판'의 의미를 생각해 보았습니다. 하느님과 함께하는 영원한 삶에 너무 열광하기 전에 우리는 멈추어 서서 심판에 담긴 의미를 좀 더 생각해 보아야 합니다. 도래하는 그리스도의 심판이란 우리가 날마다 살아가며 의식해야 하는 무엇입니다. 미래에 대한 신비한 예지나 특별한 전망이 아닙니다. 진리는 우리가 날마다 익혀야 하는 것입니다.

진리에 대항하여 우리를 감춰 온 모든 보호막이 마침내 치워진다면 무슨 일이 일어날까요? 우리가 상상할 수 없는 차원에서 하느님과 마주하게 된다면, 우리 자신에게서 그리고 다른 모든 실재에서 우리 자신을 숨겨 온 흔한 꾀부림이 소용없게 된다면 어떨까요? 진정한 자기 자신으로서 우리 자신의 양심과 하느님 앞에 노출되는 것을 어떻게 견딜 수 있을까요? 신약성서는 이를 두고 "발가벗겨진다"고 언급했습니다. 사도 바울은 우리가 마지막에 맞이할 운명을 자기가 세우고 이루었다고 생각하는 모든 것이 측정당하는 두렵고도 떨리는 순간(1고린토 3:11~15, 2고린토 5:1~5)으로 묘사하는 동시에 그리스도의 생명이라는 "새 옷을 입게" 될 때(1고린토 15:53~4)로 그립니다. 죽음은 하느님과 우리 사이에 버티고 서 있던 무엇인가가 치워지는 것입니다. 여기서 희망은 이생에서 그리스도와 함께하는 삶을 익힘으로써 진리와 대면할 때 두려움과 떨림이 일어나는 와중에도 살아남는 무엇인가가 우리 안에 '세워지는' 것입니다. 요한의 첫 번째 편지의 표현을 빌려 말하자면 진리가 어느 정도 "우리 안에" 있게 되는 것입니다. 한편에서 우리는 숨을 구석도 호소할 구석도 없이 발가벗겨지고 무방비 상태에 놓입니다. 그러나 다른 한편에서 우리는 그 순간에도 우리를 보호할 수 있는 옷을 선물로 받았음을 신뢰합니다.

가장 원초적인 형태의 그리스도교 세례 의식이 옷이 벗겨지고 물에 완전히 잠긴 뒤 다시 옷을 입는 과정을 수반했다는 사실은 우연이 아닙니다. 예수와 동행하는 삶으로 들어가는 사람은 자기를 숨겨 온 방어막을 내려놓고 죽음의 물 아래로 사라졌다가 빛과 영광의 옷을 입고 나타납니다. 시리아 지역에서 전해 내려오는 가장 오래된 그리스도교 찬가인 솔로몬의 송가는 신앙인을 빛에 감싸이고 왕관을 쓴 사람으로 묘사합니다. 바울의 단순하면서도 강력한 표현을 빌리자면 그들은 "그리스도를 입습니다"(로마 13:14).

그러나 바울은 고린토인들에게 보낸 두 번째 편지에서 그리스도를 입기 전에, 우리는 무엇인가를 떨쳐 내야 한다고 말합니다. 캔터베리 대성당에 가면 15세기 캔터베리 대주교였던 치첼리의 무덤이 있습니다. 무덤 상단에는 대례복을 입은 대주교가 누워 있고 무덤 하단에는 그의 벌거벗은 시체가 누워 썩기를 기다리고 있습니다. 이 무덤이 지닌 풍경은 대주교들뿐 아니라 보는 모든 이로 하여금 정신이 번쩍 들게 합니다. 죽음이란 우리 모두가 반드시 이르게 될 벌거벗겨짐의 순간, 하느님을 정면으로 마주하여 우리의 정신이 완전히 드러나는 사건입니다. 편안한 드레스 가운이나 맵시 좋은 정장처럼 우리가 스스로에게 둘러 놓은, 우리가 만들어 낸 정체성들은 먼지처럼 흩어질 것입니다. 우리의 내면 가장 깊은 곳에 있는 것, 우리가 진정으로 원하는 것, 진정으로 아끼는 것이 벌거벗겨진 채 그 모습을 드러낼 것입니다. 이를 두고 불안함을 느끼는 것은 자연스러운 일입니다. 그리스도교 역사 일부를 특징지었던, 하느님의 심판을 지나치리만큼 과장되게 묘사하고 히스테리컬하게 표현하는 것에 거부감을 느낀다 할지라도, 하느님의 심판을 앞에 두고 자연스럽게 일어나는 두려움의 감각조차 떨쳐 내려는 것은 잘못된 일입니다. 이 진리의 순간에 대해 우리는 아주 높은 수준, 우리 자신도 헤아릴 수 없는 수준에서까지 제대로 생각해야 합니다.

물론 그리스도교 언어가 죽음에 대한 공포 위에서 전개되고 영원한 공포와 악몽에서 비롯되는 상황에서 빠져나왔다는 것은 바람직한 일입니다. 신앙은 불안과 뒤섞일 때 커다란 왜곡이 발생합니다. 그러나 죽음에 관하여 그리스도교가 가리키는 표현들에는 하느님 앞에서 벌거벗겨지는 과정이 고통스러울 수밖에 없다는 적절하고도 성숙한 깨달음이 담겨 있습니다. 진리는 쓰라린 법입니다. 지금까지 나 자신을 속여 왔음을 깨달았던 순간, 나 자신도 내가 왜 그랬는지 이해할 수 없었던 순간, 생각했던 것보다 훨씬 나 자신에게 상처를 입혔다는 것을 알게 된 순간을 떠올려 보십시오. 이런 순간들은 고통스럽습니다. 더 고통스러운 순간은 숨기고 싶은, 어딘가 처박아 두고만 싶은 나의 모습을 다른 누군가가 내 앞에눈 들이밀 때입니다. 동방 정교회 전례는 "그리스도의 엄혹한 심판대 앞에서 진실하게 대답"할 수 있기를 간구합니다. 이러한 '진실한 대답'은 우리의 변호자가 되기로 약속한, 인간이 된 진리에게서만 얻을 수 있습니다. 우리는 이 사실을 의식하며 인간이 된 진리를 향해 기도해야 합니다.

언젠가 한 신학자는 성직자를 여러 사람이 거주하는 환경 속에서 훈

런시켜야 하는 가장 중요한 이유는 공동체 안에서 살아가는 것이 30
년 뒤 정신을 번쩍 들게 해 줄 말들을 서로에게 들을 수 있도록 해 주
기 때문이라고 말했습니다. 자기 자신에 대한 진실을 볼 수 있도록 서
로 돕는 것은 훈련받는 성직자뿐 아니라 교회를 이루는 전체 구성원의
임무입니다. 어떤 사람들이 그렇게 할 때는 너그럽게 받아들이기 어
려울 때도 있습니다. '사랑을 담아 진실을 말한다'며 실제로는 사람들
을 각자의 자리에 가두어 둘 때가 그렇습니다. 제가 여기서 생각하는
것은 그런 것이 아니라 진정으로 거룩한 사람이 우리가 진리를 보도록
하는 방식, 인류가 무엇이고 무엇이 될 수 있는지를 보도록 하는 방식
입니다. 이 책 전체에 걸쳐서 저는 진리를 향해 벌거벗은 이들이 우리
에게 미친 영향을 말했습니다. 그들은 우리가 믿음을 가지도록 돕습니
다. 동시에 그들은 우리를 위협하고 우리가 격렬한 거부반응을 일으키
게 할 수도 있습니다. 그들은 진리가 쓰라리다는 사실을 우리에게 상
기시킵니다. 타락한 인간 존재로서 하느님의 순결한 빛에 직면하게 되
리라는 전망에도 움츠러들지 않고 얼굴을 드는 것이 가능할까요?

　이러한 생각은 연옥에 관한 로마가톨릭의 가르침에 기대고 있습니
다. 종교개혁 이후 연옥은 교회 안에서 매우 논쟁적인 주제이며 초기
개신교인들은 당시 연옥에 관한 대중적인 통념에 노골적인 비난을 퍼
부었습니다. 중세 후기에 교회가 제도화된 성사를 통해 '로비'를 벌임
으로써 연옥에 있는 영혼들에게 은총을 확보해 줄 수 있다는 식의, 다
양한 방식으로 이루어진 사업들은 차치하더라도, 빚을 갚아서 천국

에 들어가기에 더 합당한 사람이 될 수도 있고 덜 합당한 사람이 될 수도 있다는 생각은 신약성서가 말하는 근본적인 희망과 잘 맞지 않습니다. 그러나 이러한 생각을 처음에 추동한 것은 하느님과 맞닥뜨렸을 때, 복잡하고 자기기만적인 존재인 우리가 어떤 차원의 고통에 놓이게 될 것이라는 인식이었습니다. 여기서 구치소와 같은 중간계를 생각 할 필요는 없습니다. 그보다는 사랑의 충만함에 익숙해져 가는 가운데 하느님과 함께 가는 끊임없는 여정을 생각하는 것이 온당합니다. 다른 은유를 들자면, 새로운 대기에 적응하기 위해 우리의 폐를 적응시키는 과정을 그릴 수도 있겠습니다.

이 문제에 있어서 특정한 과정이나 기간을 제시하는 것은 불가피하다 할지라도 별다른 도움이 되지 않을 수 있습니다. 이 부분에 관해서 가장 큰 도움을 주는 것은 그리스도인이 쓴 시입니다. 존 헨리 뉴먼 추기경의 시 「제론티우스의 꿈」The Dream of Gerontius에서 제론티우스는 죽음 이후 하느님을 마주하고서는 "저를 데려가 주십시오"라고 울부짖습니다. 그저 하느님과 동행함으로써 그는 자신이 겪어야만 하는 정화의 과정을 치릅니다. 조지 허버트의 널리 알려진 시 「사랑」Love은 좀 더 온화한 어조로 깊은 묵상 가운데 작은 드라마를 펼쳐 냅니다.

> 사랑이 나를 따뜻이 맞이했으나
> 내 영혼 주춤하며 뒤로 물러섰네.

따뜻한 맞아들임에도 불구하고 우리는 그 자리가 본래 우리를 위해 마련되어 있었다는 사실을 믿지 못합니다. 사랑은 반드시 하느님이 우리를 만드셨음을, 그 자리에 합당하게끔 만드셨음을 우리에게 말해야 합니다. 맞아들임이 지닌 거대한 힘은 우리가 진실로 그 자리에 있을 자격이 있다는 것을 알 때까지 우리를 몰아세웁니다.

제가 수치스럽도록 저를 내버려두소서.

그 대가를 치를 곳으로 저를 보내소서.

이에 사랑이 말하니, 누가 그 죄를 대신하는지 모르느냐?

주여, 제가 대가를 치르겠습니다.

다시 사랑이 말하니, 너는 앉아라. 그리고 내 살을 먹으라.

그리하여 나는 자리에 앉았고, 그 살을 받아먹었네.

영어로 쓰인 가장 위대한 그리스도교 시가 여기서 말한 것에 무엇을 더 말할 필요가 있을까요? 부끄러움과 죄책감에 대한 현실적인 묘사, 자기 자신에 대한 의심과 두려움, 자기혐오라는 모든 장애물을 넘어서는 사랑에 관한 가슴 아픈 현실적인 묘사, 단음절로 이루어진 마무리가 자아내는 단순미까지, 복음이 전하고자 하는 모든 것이 이 시에 담겨 있습니다. 자캐오와 마태오, 막달라 마리아, 베드로가 그랬던 것처럼 여기서 할 일은 그가 마련한 식탁에 앉아 그와 함께하는 것뿐입니다. 그러면 "대가를 치를 곳"은 무엇일까요? 우리가 자초한 죄에 대한 대가를 치르는 것에 대해 뭐라 말할 수 있을까요? 또는 이런 말들을 한번에 완전히 뒤로 제쳐놓을 수 있는 복음이란 무엇일까요? 그리스도교 역사에서 지옥에 관한 어리석고 매우 악의적인 이야기들은 너무나 많이 등장했습니다. 그렇기에 가학적인 상상을 일으키고 감정을 조작하는 그 이야기들에 우리가 넌더리 내는 것도 무리는 아닙니다. 그러나 여기에도 우리가 일축해서는 안 될 무엇인가가 있습니다. 지옥에 관한 그리스도교의 이야기에는 진리와 마주하기를 꺼리는, 우리의 습관화된 저항이 초래할 위험에 관한 적절하고도 성숙한 깨달음이 자리 잡고 있습니다. 인생에 걸쳐 점점 더 진리에 둔감해지도록 만드는 선택을 해 왔다면 내 앞에 모습을 드러낸 사랑을 향해 굳게 쥔 주먹을 점점 더 펴기 어려워지게 된다면 어떤 일이 일어날까요? 거짓을 향해 진실을 말할 수 없게 된다면, 온 생애에 걸친 선택을 통해 나 자신을 그렇게 만들어 왔다면 어떤 일이 벌어질까요?

이러한 물음은 '만약?'으로 남아 있어야 합니다. 어느 누군가가 그 자신을 얼마만큼 진리를 볼 수 없게끔 만들어 오고 있는지는 누구도 알 수 없습니다. 자기기만의 심연에 빠져 사랑의 영향에서 영원히 벗어난 상태가 있는지 누구도 알 수 없습니다. C. S. 루이스는 널리 알려진 짧은 책 『천국과 지옥의 이혼』The Great Divorce에서 우리에게 영원한 덫에 걸린다는 말이 무엇을 뜻하는지 가르쳐 주려 합니다. 우리에게는 언제나 사랑을 받아들일 가능성이 있습니다.* 그러나 변화에 따르

---

*   C. S. Lewis, *The Great Divorce*, London, Collins, 1945. 『천국과 지옥의 이혼』 (홍성사 역간)

는 대가에서 움츠러들거나 몸에 깊이 배어 버린 의심과 이기심 탓에 그 가능성을 이해하지 못할 수 있습니다. 이 책은 사늘한 메시지를 담고 있습니다. 그리고 이 메시지가 다른 누군가가 아닌 바로 우리를 향하고 있음을 깨달을 때 그것은 더욱 서늘한 의미로 다가옵니다.

바로 이것이 그리스도교 신앙에서 생각하는 지옥입니다. 누가 그러한 상태에 영원토록 머물지 우리는 장담할 수 없습니다. 우리는 우리의 선택이 우리를 파괴할 수 있다는 두려운 사실을 알아야만 합니다. 일반적으로 그리스도교 신학은 지옥에 가는 것이 하느님이 아니라 우리의 결정에 달려 있다고 가르쳐 왔습니다. 이는 16세기 칼뱅주의자들이 보여 주었던 극단적인 견해와는 거리가 있습니다. 그들은 아담이 타락하기 전에 이미 하느님이 죄의 운명에 놓일 자들을 정해 놓으셨다고 말했습니다. 그러나 그들조차 누군가 지옥에 간다면 이는 그들의 삶이 그들을 하느님과 함께 살 수 없게끔, 고통 외에 다른 방식으로는 하느님을 경험할 수 없게끔 만들었기 때문이라고 말할 것입니다. 우리는 하느님이 건네는 말씀에 귀를 열지 않습니다. 지옥에 관한 가장 적절한 이미지는 하느님이 영원히 들어오지 못하도록 우리 스스로 문을 걸어 잠근 채 열지 않으려 애쓰는 모습일 것입니다. 오늘, 지금 이 순간, 우리가 이와 같은 공포와 기만의 상태로 우리 자신을 몰아넣을 수 있음을 알고 하느님의 심판과 자비 앞에 우리 자신을 내려놓아야 합니다. 제 할 일을 하는 그리스도교 공동체는 자신을 뉘우치고 돌이킵니다. 많은 그리스도인이 그러하듯 하느님 앞에서 자기 자신을 되돌아보고 질문하는 가운데 다른 사람들을 향해서만 회개를 촉구하는 오만함을 잠재웁니다.

참회하는 공동체, 자신의 부족한 사랑과 신앙을 날마다 인식하면서도 실패를 마주하기를 두려워하지 않는 사람들이 모인 공동체는 심원에서 우러나오는 깊은 희망을 증언하게 됩니다. 이것은 기적입니다. 교회는 한결같이 성공과 덕행을 거듭하며 복음을 전하는 곳이 아닙니다. 교회는 하느님을 가리키기를 주저하지 않는 가운데 복음을 전하는 곳입니다. 교회는 참회를 두려워하지 않습니다. 교회는 여러분이 실패하더라도 끝이 아니라고, 무력하게 주저앉지 말라고 말합니다. 이것이야말로 인간적인 역량과 자원 너머에 있는 무엇에 호소하는 교회를 가장 잘 보여 주는 표지입니다. 신조에서 교회에 관한 다섯 번째 지표를 추가한다면 아마 이렇게 될 것입니다.

교회는 하나이며, 거룩하고, 보편적이며,
사도적이고, 참회하는 곳입니다.

현대인들은 모든 종류의 행위에 대해서는 관대하면서 누군가를 용서하는 것에 관해서는 매우 냉혹합니다. 이는 오늘날 문화가 보이는 가장 기이한 면입니다. 대중매체는 무자비할 정도로 정치인과 연예인의 잘못을 선전합니다. 수감자나 전에 수감되었던 이들에 대한 태도는 가혹하지 그지없습니다. 다른 사람이 오류나 과실을 저지르면 법적으로 배상부터 요구합니다. 태도와 윤리 의식에 있어 지나치게 느슨한 분위기에 현혹되어서는 안 되겠으나 이러한 사실들의 표면 아래 있는 무정함은 우려할 만합니다. 신조를 고백하며 자신의 믿음을 실천할 때 교회는 용서의 가능성을 가리키며 이때 교회는 세상을 향한 대조사회가 됩니다. 여기서 분명히 해둘 부분이 있습니다. 용서는 감상에 젖는 것이 아니며 아무 대가를 치를 필요가 없는 값싼 동정심에 끌리는 것도 아닙니다. 그리스도인은 누구를 용서해야 하냐는 질문을 받을 때, 이를테면 폭탄 테러범을 용서해야 하느냐는 질문을 받을 때 "당연하다"고 답해서는 안 됩니다. 특히 어느 누군가에게 상처 입힌 사람에 대해 그 용서는 아무나 할 수 없습니다. 여기서 용서는 상처를 입은 피해자가 하는 것입니다. 용서는 단번에 즉시 처리할 수 있는 명령일 수도 없습니다. 분명히, 그리스도인들은 서로를 용서하라고 듣습니다. 그러나 그리스도인이라면 다른 누구보다도 그리하기까지 얼마나 긴 시간이 걸리는지를 알아야 합니다. 그리스도인은 용서가 가능하다고 말할 수 있습니다. 그러나 하느님은 우리가 헤아릴 수 없을 정도의 상처를 입은 사람에게 용서를 재촉해서는 안 된다고 명령하십니다. 용서를 관대함이나 분노를 누그러뜨리는 것과 혼동해서도 안 됩니다. 한 사람은 자신이 상처 입힌 이에게 용서받을 수 있습니다. 그러나 그가 자신이

한 일과 그 결과에 어떤 방식으로든 대가를 치르는 것이 온당합니다.

다른 무엇보다, 용서는 관계를 회복하는 것입니다. 용서는 인간의 차원에서는 크든 작든 희생자와 가해자 사이의 관계 회복이지만 동시에 하느님과의 관계를 회복하는 것이기도 합니다. 사도신경에서 죄의 용서를 믿는다고 고백할 때 이는 무슨 죄를 저질러도 상관없다는 뜻이 아닙니다. 모든 게 다 괜찮아질 거라는 말도 아닙니다. 죄의 용서를 믿는다는 것은 우리가 저지르는 최악의 잘못마저도 하느님을 향한 문을 닫을 수는 없음을 뜻합니다. 잘못과 상처는 되돌릴 수 있습니다. 그러나 그것을 되돌리는 이는 우리가 아닌 하느님입니다. 하느님이 우리의 잘못과 상처를 되돌리실 수 있기에 우리에게는 우리의 잘못과 상처를 되돌릴 수 있는 가능성이 있습니다. 이것이 앞서 정의했던 하느님의 '전능성'이 담고 있는 또 다른 의미입니다. 하느님이 변화를 일으킬 수 없는 상황이란 존재하지 않습니다. 그럼에도 하느님은 변화를 거부하며 "아니오"라고 말할 수 있는 힘을 우리에게 주셨습니다. 죄의 용서에 관한 믿음은 곤란하고 어려운 문제입니다. 그러나 그것은 다른 무엇보다 분명히 하느님의 영광과 자유를 가리킵니다. 그리스도교 시인의 계보에서 가장 정통에 속한다고 할 수는 없지만, 윌리엄 블레이크는 이렇게 썼습니다.

서로의 추악한 허물을 용서할 때
천국의 문은 열린다네.

이 구절만 놓고 보자면 그는 사도신경이 뜻하는 바를 올바르게 증언했습니다. 끔찍한 소외와 상처 가운데서도 무엇인가 가능하다는 확신 안에서 우리가 하느님을 향해서뿐 아니라 서로를 향해 돌아설 때, 더 넓은 세계가 보이기 시작합니다. 주위에서 일어나고 있는 일들을 둘러보면 신조의 이 구절이 왜 오늘날 사람들 사이에서, 동네에서, 국가들 사이에서 가장 필요한 선언인지를 알 수 있을 것입니다.

많은 찬가와 기도가 노래하듯 우리의 신앙은 지옥을 면하기 위한 것이 아닙니다. 영원한 생명을 준비하기 위한 핵심인 참회에 덧붙여, 우리는 경배에 관해서도 생각해 보아야 합니다. 우리를 향한 하느님의 목적으로서 영원은 모든 것 안에서 하느님의 영광과 자비를 의식하는 것, 내어 주고 받는 가운데 이루어지는 기뻐하는 것입니다. 이 세계 모든 것이 내어 주고, 받으며 함께 기쁨이라는 맥락으로 수렴되는 것, 이것이 거룩한 삼위일체의 삶입니다. 영원으로 들어가기 위한 최선의 준비는 내어 주고, 받고, 함께 기뻐하는 가운데 주어지는 선물과 기쁨에 익숙해지는 것, 그 비전에 우리 자신을 여는 것입니다. 이와 같은 맥락에서 성 아우구스티누스는 『신국론』De Civitate Dei의 마지막에서 천국에 관하여 서술합니다.

그때 우리는 쉬면서 보리라.

보면서 사랑하리라. 사랑하면서 찬미하리라.

보라. 끝없는 끝에 무엇이 이루어지는지를.

우리의 끝이란 끝이 결코 없는 나라에 도달한 것이 아니고 무엇이겠는가.*

우리는 진리가 지니는 이러한 측면에 익숙해져야 합니다. 진리는 엄격하면서도 장엄하며 사랑스럽습니다. 우리가 신앙의 여정을 감당할 수 있는 힘은 바로 진리가 품고 있는 사랑에 익숙해지는 데서 나옵니다.

그리스도교 전통에서 영원은 무엇보다도 하느님의 순전한 실재 안에서 누리는 기쁨입니다. 영원은 어떤 궁극적인 '절대' 안으로 흡수되는 것이 아닙니다. 영원은 인격적인 관계에 있으면서도 동시에 다른 어떤 관계와도 다른 상태에 있는 것을 뜻합니다. 그때 우리는 삼위일체 안에서 일어나는, 삶과 기쁨이 교차하는 핵심 안에 놓입니다. 영원하기 위해서는 관조해야 합니다. '관조'라는 단어는 가끔 그리스도인들을 당황하게 만듭니다. 그러나 관조는 우리를 빛으로 이끕니다. 관조는 진실로, 사랑에 익숙해지는 과정에 들어서는 것을 의미합니다. 이것이 관조가 뜻하는 전부입니다. 기도에서 관건은 우리가 하느님을 볼 수 있는 곳까지 나아가는 것이 아니라 하느님이 우리를 보실 수 있는 곳에 우리 자신을 내어놓는 것입니다. 우리를 숨겨 온 방패와 가면을 치우고 하느님의 현존이 비추는 빛으로 나아오는 것, 고요함과 잠

---

*　　St Augustine of Hippo, *City of God*, XXII.30. 『신국론』 (분도출판사 역간)

잠함 속으로 들어가 자기과시와 자기방어의 습관을 버리고 가면을 쓴 배우가 아닌, 발가벗은 나 자신이 하느님 앞에 서는 것입니다. 이 때문에 관조의 길은 언제나 빛을 향하는 길인 만큼 어둠에 휩싸인 길로 보입니다. 하느님 앞으로 나아가는 도정을 밟으며 우리는 자신에게 안전하고 보기 좋은 대부분의 것을 내려놓습니다. 관조의 삶을 향한 부르심에 있어서 가장 깊은 도전, 특별히 일생에 걸쳐 그러한 삶을 살아가고자 하는 사람들이 맞닥뜨리게 되는 도전은 하느님 앞으로 나아가는 도정이 결코 유용하거나 이치에 맞는 일로 느껴지지 않는다는 것입니다. 관조하는 삶을 사는 것은 일련의 결과를 얻기 위해서가 아닙니다. 관조하는 삶은 진리 그 자체, 영원 그 자체를 위한 삶입니다.

천국 그 자체처럼 관조는 모든 것을 요구하는 동시에 모든 것을 내어 줍니다. 관조를 통하여 우리는 껍질을 벗고 자기 자신을 내려놓으며 점점 더 그리스도를 입게 됩니다. 이렇게 우리는 그리스도의 기도와 사랑으로 들어갑니다. 관조의 삶을 살아가는 사람이라면 교회 안에 이러한 부르심을 공적으로 분명히 감당하는 이가 없다면 교회는 활기를 잃은 채 말라 버릴 것이라 말할 것입니다. 수도사와 수녀, 은둔 수도자들은 교회라는 풍경에 덧붙여진 색다른 장식이 아닙니다. 이들은 교회의 가장 깊은 핵심에 자리한 무언가를 드러내며 우리가 세우는 계획과 목표에 자리잡고 있는 조급함을 예리한 관점으로 바라봅니다. 영원한 기쁨을 향해 냉혹히 결단하고 집중하는 삶은 역설적이게도 가장 소모적이고 가장 많은 대가를 요구합니다. 그러나 이들의 삶은 진리에 그만한 가치가 있음을 보여 줍니다.

관조하기 위해서 우리는 지금까지 익숙하고 편안하게 여겨 온 하느님에 관한 관념과 像을 놓고 그 너머로 나아가야 합니다. 행복을 가져다줄 것이라 생각했던 것들, 선호하는 감정들을 놓아야 합니다. 비참해지라는 말이 아닙니다. 진정한 기쁨은 훨씬 낯설고 압도적입니다. 일상에서 우리를 편안하게 하는 것들, 안도하게 하는 것들에서 거리를 두지 않는 한 우리는 이 진정한 기쁨을 인식할 수 없습니다. 여기에 익숙져야 합니다. 평범하고 일상적인 차원에서 이러한 일은 고통스러운 좌절과 자기 자신에 대한 회의와 마주하며 앉아 있는 시간을 수반합니다. 하느님은 기쁨과 영원의 완성으로 나를 부르십니다. 그런데왜 내가 여기 앉아서 손가락이나 만지작거리고 있는 것입니까? 왜 우리는 안절부절못한 채로 하느님이 어떤 분이시며 누구시며 어디에 계시냐고 물어야 합니까?

조금씩, 기존에 우리를 떠받치고 있던 것들은 제거됩니다. 16세기 관조하는 그리스도교적 영성의 위대한 스승이었던 십자가의 성 요한이 쓴 저작에서 이 모습은 점점 더 어둠 속으로 들어가는 여정으로 나타납니다. 이 여정에서 우리의 감정과 감각은 어둠에 잠겨 완전히 상실됩니다. 메마르고 지쳐 가는 것은 물론 극도로 두렵고 황폐한 순간이 우리를 향해 엄습해 옵니다. 십자가의 성 요한이 말했듯 "새벽이 오기 전까지 우리는 칠흑 같은 밤을 지나야만" 합니다. 나 자신을 예뻐하는 마음, 나 자신을 어루만지는 마음이 조금도 남지 않을 때까지 완전히 털리고 부서졌을 때 비로소 우리는 자유로워져 하느님이 우리에게 주고자 하시는 것을 받을 수 있습니다. 오직 그때, 우리의 심령 안에서 하느님에게 뒤엉켜 있던 모든 것을 조금이라도 끊어 내어 하느님의 실재를 받아들일 수 있는 자리를 마련할 수 있습니다. 기도는 하느님이, 우리를 위해, 하느님 자신으로 우리 안에 머무시도록 자리를 마련하는 일입니다.

온 생애에 걸쳐 관조하는 삶을 살도록 부름받은 사람은 많지 않습니다. 그러나 모든 신앙인은 하느님이 우리를 위해, 하느님 자신으로 머무시도록 하는 같은 여정으로 부름받았습니다. 이것이 십계명의 첫째 계명과 둘째 계명의 진정한 성취입니다. 하느님 앞에 다른 신은 없으며 하느님을 대신할 다른 우상을 섬길 수 없습니다. 우리는 모두 어느 정도 필요에 따라, 선호에 따라, 빈틈을 채우기 위하여 하느님을 이용합니다. 이런 의미에서 우리는 모두 하느님의 자리에 다른 거짓 신들과 우상을 놓는다는 혐의에서 자유로울 수 없습니다. 하느님은 하느님이십니다. 하느님께 우리의 기대를 따라야 할 의무는 없습니다. 하느님의 실재는 어떤 정신과 마음과 상상이 받아들일 수 있는 그 어떤 것보다도 헤아릴 수 없을 정도로 거대하기에 우리는 반드시 우리 심령을 채우고 있는 것들을 놓아 버려야 합니다. 그렇게 함으로써 자리를 마련해야만 합니다.

다시 한번, 삼위일체 하느님에 관한 그리스도교의 확신은 우리가 이 난해한 문제와 함께 살아갈 수 있도록 돕습니다. 우리는 하느님 아버지와 아들이 맺은 영원한 관계로 향하도록 부름받았습니다. 삼위일체의 삶은 '바깥에서' 개인과 개인이 맺는 관계가 아닙니다. 삼위일체 안에서 일어나는 내밀한 상호 교류는 인간과 인간이 맺는 관계와 같지 않습니다. 기도할 때 어느 누군가에게 말을 걸 때와 같은 느낌을 받지 않는다고 해서 놀라거나 당황할 필요는 없습니다. 어떠한 방식으로든, 우리가 하느님 아버지와 아들 그리스도가 맺고 있는 관계 안으로 들어간다면 그것은 천국에서 한 자리를 차지하고 있는 어떤 개인과 관계를 맺는 일과는 다를 것입니다. 그 관계는 그보다 훨씬 깊은 방식으로, 그러나 여전히 인격적이고 진정한 관계로 이루어질 것입니다. 그러나 이 관계는 우리의 느낌이나 생각에 전적으로 의존하지 않을 것입니다. 하느님의 사랑이 우리 안으로 흘러들어 와 내면에서부터 차츰 우리를 변화시킬 것입니다. 우리는 성숙한 삶, 감사하며 안심하는 가운데 우리 자신을 명확히 알게 되는 삶으로 성장해 갈 것입니다. 마치 맹목적인 사랑을 추구하듯이 언제나 언어와 관념 너머에 있는 타자를 찾아 나서는 우리를 진정한 우리 자신이 되게 하는 은총의 선물을 언제나, 넘치도록 받을 것입니다. 우리는 이것을 발견할 것이나 이것이 어떻게 이루어지는지는 말하지 못할 것입니다. 그리스도 안에서 기도함으로써 우리는 십자가의 성 요한이 그리듯 눈에 보이지 않는 사랑의 물결에 휘말려 들어갑니다. 가끔 식별해 내기도 하지만 고통스럽게도 대개의 경우 우리는 이를 알아차리지 못합니다. 우리는 그저 그러한 성장이 일어나고 있다고 믿을 수밖에 없습니다. 성장이 일어나고 있음을 아는 유일한 방법은 진리와 마주하기 위해, 우리의 실패를 받아들이기 위해, 우리 자신에게 끊임없이 질문하기 위해 우리 안에서 천천히 확장되고 있는 저 가능성을 시험대 위에 올려놓는 것뿐입니다. 우리는 그 시험을 감당할 수 있습니다. 하느님이 우리를 버리지 않으신다는 것을 우리가 신뢰하기 때문입니다.

다르게 말하면 관조로 들어가는 기도는 지금까지 우리가 생각해 온, 신조가 언어로 명시하고자 했던 총체적인 비전을 실현하는 길입니다. 영원히 신뢰할 수 있는 사랑의 대상이 된다는 것이 의미하는 바를 발견함에 따라 우리는 점점 더 깊은 신뢰로 들어갑니다. 마르틴 루터와 그를 따른 사람들은 이를 두고 "신앙에 의해 의롭게 된다"고 말했습니다. 이러한 믿음은 우리를 성취, 출세, 성공의 자리가 아닌 올바른 자리에 놓습니다. 이러한 믿음은 성서가 증언하듯 역사를 통해 우리에게 드러난, 우리가 나눈 무엇에 대해 우리의 확신을 두도록 합니다. 우리는 이 신뢰를 통하여 우리의 손을 하느님의 손에 맡기는 위험을 감수할 수 있습니다. 우리는 기도하면서 긴장을 풀고 우리 손을 하느님을 향해 할 수 있는 한 활짝 열어놓습니다. 어떠한 환상도 없이, 투사하는 일도 없이, 또렷한 의식 속에서 자유롭게, 우리는 우리를 따뜻이 맞이

하시는 그분의 손길을 따라 어둠 속으로 들어갑니다.

"우리 아버지"라고 말할 때, 그저 안전하고 편안한 느낌에 안주하게 하는 그 모든 것을 우리 자신에게서 단호히 몰아내는 가운데 예수의 말을 우리의 입술에 담아, 우리 존재의 깊은 곳에 예수의 영을 모시고 하느님께 나아올 때, 진리를 향해 한 발 더 내디딜 때, 그리하여 "나는 믿습니다"가 의미하는 바를 이해하게 될 때, 그때 우리는 17세기 시인 헨리 본이 하느님의 '빛나는 어둠'이라 불렀던, 그 가능성이 가장 높은 곳까지 고양된 온전한 인간이 되는 도정에 들어섭니다. 이 길은 온 생애에 걸쳐 우리가 나아가야 할 길이지만 우리 힘으로 얻은 것이 아니며 결코 얻을 수도 없습니다. 그러나 은총으로, 이 길이 우리에게 선물로 주어졌습니다. 그러니, 조지 허버트의 기도에 관한 시로 우리 이야기를 마무리 지을까 합니다. 그의 소네트는 가리키고 있습니다. 우리가, 조용히, 그리고 찬찬히 무엇에 이르고 있는지를.

자신의 탄생으로 회귀하는 인간 안에 깃든 하느님의 숨

그 영혼의 생명

아득한 미지의 나라, 조금씩 보이고 있다네.

옮긴이의 말

「신뢰하는 삶 – 그리스도교 신앙의 기초」Tokens of Trust: An Introduction to Christian Belief는 로완 윌리엄스가 캔터베리 대주교로 활동하던 2005년, 그의 나이 56세 때 캔터베리 대성당에서 사도신경, 니케아 신조로 대표되는 그리스도교 신앙의 핵심을 강연한 내용을 바탕으로 쓴 신경/신조 해설서다. 평신도 청중을 대상으로 한 강연 원고를 바탕으로 쓰였다는 사실, '그리스도교 신앙의 기초'An Introduction to Christian Belief라는 부제를 보면 짐작할 수 있듯 이 책은 기본적으로 그리스도교 신앙에 들어서는 이들을 위해 쓴 신앙 입문서이다. 그러나 칼 라너의 「그리스도교 신앙 입문」Grundkurs Des Glaubens이나 칼 바르트의 「개신교 신학 입문」Einführung in die evangelische Theologie과 같은 저작이 단순한 입문서가 아니듯 이 저작 또한 초신자만을 위한 신앙 입문서는 아니다. 대개 신학자들이나 교회에서 지도하는 위치에 서 있는 이들은 신학과 신앙의 여정이 무르익었을 때 사도신경, 니케아 신조와 같은 그리스도교 공통 고백을 해설함으로써 자신의 신학적 견해와 신앙을 표명한다. 그러므로 「신뢰하는 삶」은 성직자, 신학자로서 이력의 정점에 이른 이가 "예수의 부활을 사람들에게 전하는 공공의 증인"으로서 "교회가 무엇을 생각하고 기도해야 하는지"에 관한 생각을 담아낸 저작으로도 볼 수 있다. 로완 윌리엄스는 신경/신조의 언어를 빌어 그리스도교 신앙의 핵심과 그 핵심에서 도출되는 실천을 하나의 전체로 표현한다.

그리스도교 신앙에 접근하는 방식은 두 가지가 있다. 하나는 그리스도교를 이루는 요소들을 나누어 조목조목 뜯어보는 방식이고 다른 하나는 그리스도교가 그리는 '큰 그림', 전체 이야기를 전달함으로써 그리스도교 신앙이 지닌 풍요로움과 깊이를 보여주는 방식이다. 이 책은 기본적으로 후자를 택하고 있으나 예민한 독자들은 지은이가 전자에서 제기된 문제들과 다루어진 논의들 또한 충분히 고려하여 이에 대답하는 방식으로 논의를 전개하고 있음을 어렵지 않게 알 수 있을 것이다.

로완 윌리엄스에 따르면 그리스도교 신앙의 핵심은 "진정으로 누구를, 그리고 무엇을 신뢰할 것인가에 관한 앎"이다. 그리스도교 신앙의 핵심을 압축적으로 담아낸 사도신경과 니케아 신조는 모두 "전능하신 아버지 하느님, 하늘과 땅의 창조주"를 신뢰한다고 말한다. 그리스도인은 하느님을 그분이 "하늘과 땅을 만드신 하느님이기에 신뢰"한다. 어떤 것도 필요로 하지 않고 완전히 자족하는 존재인 하느님이 자신의 활동을 통하여 자신과 다른 피조물을 만들 때 "우리가 떠올릴 수 있는 단 하나의 동기"는 자기 자신을 위한 "이기적인 목적"이 전혀 없는, "무조건적"으로 "완전히" 주어지는 "사랑"과 그러한 사랑을 감당할 수 있는 "절대적인 자유"이다. 하느님은 자신의 자유로 우리를 포함한 우주를 창조하셨으며 사랑으로 우리와 함께 하신다. 이 사랑과 자유에는 "결코 다함이 없기"에 자신의 형상을 닮은 인류와 세상이 자신을 거스른다 할지라도, 그리하여 절망적인 상황에 놓인다 할지라도 하느님은 그들과 "씨름하고 함께 협력하는 가운데" 새로운 상황을 빚어내신다. 그리스도교는 바로 이 하느님을 신뢰한다.

신뢰는 어떠한 만남도 없이 일어나는 막연한 믿음, 특정 대상을 향한 맹목적 믿음, 어떤 사물의 존재 유무를 따지는 믿음이 아니다. 어떤 지식이나 논증에 대한 동의를 뜻하지도 않는다. 신뢰는 누군가, 무엇인가 "아무런 조건도 어떠한 제약도 없이" 나 자신을 위해서 역사하고 있으며 내 삶의 모든 국면에서 이미 나를 지탱해오고 있음을 자각함으로써, 그 역사의 "흐름"을 위해 "길을 내는 인간의 역사"에 "동참"하는 가운데 주어지는 "새로운 세계"의 "시민권"이 참으로 나에게 속하는 것임을 그리고 그것이 내가 참으로 바라는 바임을 깨달음으로써 일어난다. 신뢰를 일으키는 다른 삶들과의 만남이라는 계기는 우리로 하여금 지금 여기를 넘어선 실재, 지금 여기를 지탱하고 있으면서 동시에 지금 여기를 꿰뚫고 들어와 갱신하는 실재를 보게 한다. 이러한 의미에서 그리스도교는 하느님이 우리를 창조하셨으며 지금 이 순간에도 우리와 함께하셔서 우리를 유지하시며 동시에 새로운, 우리가 "온전히 한 자신"이 되는 방향으로 인도하심을 신뢰한다.

인간은 "사랑과 자유"를 통하여 주어지는 하느님의 형상을 지니며 이를 실현할 수 있는 "가능성"을 지니고 있음에도 불구하고 "자기 자신에 대한 익애"에 갇혀있다. 이 자기 파괴의 "순환 고리"는 자신과 하느님의 관계를 단절시키고, 그리하여 자기와 자기 자신, 다른 인간, 전체 세계와의 관계 또한 단절시킨다. "평화와 찬미"라는 온전한 화해를 향한 길과 이를 거스르는 거역의 갈림길에서 자기에게 갇힌 인간, 그 인간이 움직이는 세계는 후자를 향해 나아간다. 오직 "온전히 인간"이면서도, 동시에 새로운 것을 빚어낼 수 있는 "신적인 힘", 이 힘이 "인간 역사"에 "구체적"으로 임할 때만 이 순환은 깨질 수 있으며 새로운 차원의 "문"이 열릴 수 있다. 단 한번, 유일하게, 이 세계에 온전히 임한 신적 힘, 이 신적인 힘과 "인간의 응답"이 만난 사건이 예수다. 그는 자신의 탄생, 역사 속의 활동, 십자가에서의 죽음, 부활을 통해 "하느님의 목적과 활동을 우리에게 보여 주고" 이를 이 세계에서 실현했다. 하느님은 예수를 통하여 우리의 가능성을 온전히 드러내 보이셨으며 예수의 숨인 성령을 들이마시게 함으로써 우리를 "가족과 같은" 친밀한 관계로 초대하신다. 이 초대와 부름은 성령의 활동을 통해 지금까지 이어지고 있다. 예수 생전에 그와 동행하던 이들이 부활 사건 이후 예수의 숨을 들이마심으로써 "예수 자신의 몸이 될 수 있는 능력"을 선사받았듯 우리 또한 지금 여기서 움직이는 예수의 숨을 들이마심으로써 우리 자신을 돌이켜, 우리가 본래 지니고 있던 가능성을 이끌어내 화해로 오르는 여정에 들어선다. 교회란 이 삼위일체 하느님의 은총에 힘입어, 삼위일체 하느님의 실재를 이 세계에서 구현하는 "공동체"다.

그리스도인 공동체 즉 교회는 "정의와 소명에 관한 공통 감각뿐 아니라 서로를 양육하고 서로에게 의지하며 서로에게 자기를 내어 주는 방식으로 하나를" 이룬다. 그렇기에 교회는 "그 누구도 고립되지 않으며 누구도 저 홀로 성장하지 않으며 누구도 홀로 고통을 겪게 하지 않는", 평화를 이루는 공동체다. 그리스도인들은 이 공동체, 이 공간 안에서 삼위일체 하느님의 역사를 상기시키는 활동과 언어를 몸에 익힘으로써, 이 세계를 변혁해 나가는 하느님의 활동에 동참함으로써 자신의 정체성과 하느님의 활동이 지금 여기서도 이어지고 있다는 자신의 믿음을 표현하고 선포한다. 결국 그리스도교 신앙이란 신뢰를 바탕으로 그리스도교가 전하는 이 모든 증언에 "예"라고 응답하는 것, 지금 여기가 절망으로 가득 차 있다 하더라도 "어떠한 제약도 없이 이루어지는 사랑"으로 어떤 상황도 "돌파해 나가"시며 회복시키시는 하느님의 역사를 믿는 것, 그 역사를 온 생애에 걸쳐 몸으로 살아낸 한 삶과 그 삶을 따르는 또 다른 삶들을 봄으로써 자신의 삶을 "단단히 붙들어" 매고 우리 모두가 속한 "근본, 본향"으로 귀환하는 도정을 "함께 겪어" 나가겠다고 결단하는 것이다.

이 여정은 혼자 힘으로는 감당할 수 없으며 혼자만의 결단과 노력으로 이루어지지도 않는다. 그리스도교가 말하는 신앙의 여정이란 앞서 간 수많은 이들 그리고 오늘 내가 현재의 모습에 이르기까지 나를 이끌고 보살펴온, 나를 위해 "책임을 졌던" 이들을 기억하고 그들에게 감사하는 가운데 "자신의 부족한 사랑과 신앙을 날마다 인식하면서도 실패를 마주하기를 두려워하지 않으"며 끊임없이 진리와 "진리가 품고 있는 사랑에 익숙해"져가는 것이다. 성서와 신앙의 역사는 모든 사람에게 그 가능성과 계기가 주어져 있다고 말한다. 회심에 이른 인간은 자신이 거친 모든 겪음의 과정이 영원한 진리이자 생명이신 하느님을 향하여 귀환하기 위한 하나의 계기로 수렴되는 것이었음을 증언한다. 우리 각자가 언제 어떤 방식으로 그 계기와 마주하게 될지 우리는 알 수 없으며 보장할 수도 없다. 그러한 계기는 "올바름과 이치에서 벗어나지 않기 위해" 날마다 행하는 작지만 선한 실천과 겸손한 배움 가운데, 서서히, "우리가 알아차리지 못하는 사이"에 마련되고 있을 것이다. 신앙이란 "이를 희망할 수 있는 근거가 우리에게 있음"을 신뢰하는 것이다.

2015년 사도 성 베드로와 바울로 축일

김병준 · 민경찬

신뢰하는 삶
— 그리스도교 신앙의 기초

초판 1쇄 | 2015년 7월 7일
  3쇄 | 2020년 6월 25일

지은이 | 로완 윌리엄스
옮긴이 | 김병준 · 민경찬
발행처 | 비아
발행인 | 이길호
편집인 | 김경문
편집 | 민경찬
제작 | 김진식 · 김진현 · 이난영
재무 | 강상원 · 이남구 · 진제성
마케팅 | 이태훈
디자인 | 양혜진
출판등록 | 2009년 3월 4일 제322-2009-000050호
주소 | 서울시 강남구 봉은사로 442 75th Avenue 빌딩 7층
주문전화 | 010-7585-1274
팩스 | 02-395-0251
이메일 | innuender@gmail.com
ISBN | 978-89-286-3074-5 04230
ISBN(세트) | 978-89-286-3073-8 04230
한국어판 저작권 ⓒ 2015 (주)타임교육